全日本おつかれ公務員

人間関係と組織のモヤモヤがスーーッと晴れる本

町田《まちだ》 智弥《ともや》［著］

学陽書房

はじめに　**最近、公務員に、疲れていませんか？**

公務員になって、数年経った皆さん。いま、調子はどうですか？　役所に入りたての頃は、「社会の役に立ちたい！」と張り切っていた人、「安定した仕事に就けて良かった」とほっとしていた人、「企業に落ちたから仕方ないか……」と特に何も期待していなかった人、いろいろな人がいたはずです。新人の頃は必死で気づかなかったことも、数年も経つと良いことも悪いことも見えてきます。

特に公務員は、世間からホメられることより叩かれることの方が多い。この現実に直面すると、漠然と疲れがたまって、入庁時の志や安心感もどこかへ消えていく。

ふと横を見れば、もう何十年も公務員をやっている先輩や上司がいます。疲れている人もいれば、やたらと元気な人もいる。人それぞれですが、みんなに共通しているのは、何かを悟ったような、不思議な強さがあることです。あきらめ？　開き直り？　疲れ切った向こう側には、安住の地が拓けているのでしょうか？

翻って自分を振り返ってみると、疲れの原因にもいろいろあることに気づきます。

・忙しいのに上司は暇そう／上司は指示も機嫌も不安定／アツい上司に煽られる

こんな「上司疲れ」にウンザリして、年齢が近い先輩や同僚を見渡すと……

・職場への愚痴が長い／将来の夢語りがウザい／リアルな噂話が怖い

「同僚疲れ」にもウンザリ。さらには業務で接する住民の方々を思い出すと……

・いきなり怒鳴られた／毎日電話してくる／いつも論破される

職場の上司・同僚以上のヘヴィ級の「住民疲れ」に、心底グッタリします。

上司、同僚、住民……。あなたの周りには、実に様々な人たちがいて、支えてくれる人もいれば、その逆もいる。仕事量の多さに由来する肉体的な疲れよりも、人づきあいに由来する精神的な疲れの方が、ジワジワと自分を追い詰めてきます。でも大丈夫。公務員の疲れは、コツをつかめば、和らぎます。

良くも悪くも公務員界は、人材も仕事量も、極端なことは稀で、フツーが基本。

ある意味、手の届く範囲に上司がいて、同僚がいて、市民がいます。そして、疲れの隠れた原因ともいえる、「お堅い役所の組織構造」も、各課の特徴はパターン化されているので、慣れてくれば、日々のやり取りもスムーズにこなせます。

疲れることは、悪いことではありません。むしろ、成長するためには必要な栄養であり、疲れた分だけ、人間的に大きくなれます。

といっても、疲れている本人には響かないですよね。

キレイごとよりも、いますぐ良く効くクスリをくれ、というのが本音のはず。

本著では、疲れている若手公務員の皆さんに、対人・対組織にまつわる各種症状への「柔らかい処方箋」をお伝えします。効果・効能は、クスリをお試しする人次第ですが、疲れの原因と対処方法がわかれば、少しは楽になるはずです。

疲れの向こう側にある世界を、覗いてみませんか？

令和元年8月20日

町田智弥

の原因、ご存知ですか？

役所にはびこる“二大疾病”

ヒトあたり

人間関係

その、しつこい**お役所疲れ**

ショクあたり

職場環境

「理由」と「仕組み」の早期発見！

本書を読めば

つらい症状もスッキリ！

第1章 上司に疲れたとき

第2章　同僚に疲れたとき

第3章 住民対応に疲れたとき

第4章 お役所組織に疲れたとき

第1章

上司に疲れたとき

対上司には「聞き分けの良い猫」になる！

入庁して数年経つと、上司との関係にも疲れてきます。新人の頃は、先輩も上司、係長、課長補佐、課長とレベルはあがり、部長以上は、もはや神。謁見すらできません。ところが5年も経てば、部長とも気軽に話せるようになり、上司の絶対性は薄れがち。次第に、仕事の良し悪しよりも、人としての**「好き嫌い」「合う合わない」という感情に支配**されるようになります。ウマが合わない上司でも、一段低いところから、基本は謙虚に、時には意見も言いながら、程よい関係を保ちたいものですが、どうしたらいいのでしょう?

オススメは、**上司の「イヌ」ではなくて「ネコ」になる**こと。イヌの場合、「忠犬」の名のとおり、上司の言いなりになる印象が強い。露骨な忠犬は、上司からのウケがよくても、課内の同僚の不興を買います。一方で、「ネコ」ならば、犬とちがって自由気まま。上司からすれば懐いてくるときもあれば、急にソッポを向くネコは、つかみどころがない存在。上司の指示に従いつつも、微妙に不満そうな表情を醸したり、それでいて、上司が困っているときには、さらっと助ける。この「つかず離れず」が、上司に対しても同僚に対しても丁度良い距離感です。

こんな神対応ができるのか、半信半疑かもしれませんが、「イヌよりもネコ」を意識するだけで、随分心が軽くなります。次項からは、「ネコの奥義」を披露しますので、構えず気ままに読み飛ばしてください。

1

いやそれアナタの仕事でしょ!

オシツケ上司

~でもひとまず「ハイヨロコンデ」~

責任と仕事の反比例

役所には階級があり、それぞれ責任の重さは変わります。それは、決裁の「印鑑」欄を見れば一目瞭然、最後に押印する人の責任が一番重い。ただ仕事量はその逆で、作業的なものは、末端のヒラ職員が一番多くなります。

責任と作業量は反比例するので、課長は手を動かすよりも頭を動かし、上がってくる仕事の「判断」をすることがメイン業務。なのに実際は、手も足も、頭も動かさずに、口しか動かさない上司がいたりして困ってしまいます。

フリカタの美学？

上司も時には、手を動かす必要があります。たとえば、議会答弁や業務進捗管理表など、課を背負う業務は本来課長が筆を執るべき仕事です。ところが、責任ある業務すら、他のルーチン業務と同様に部下に振ってくる「オシツケ上司」も、庁内にはたくさん棲息しているわけで……。

一番多い種は、**モノグサ系**。上司の地位と引き換えに、努力する気力を失い、漫然と椅子に座り続けるタイプ。

彼らはなんでも部下にフリます。フラれた仕事は、質よりスピード重視で即対応。丁寧に根拠を積み上げても、彼らは全然見る気なし。**文字サイズを大きく、パッと見てわかりやすい資料を、素早くつくって片づけましょう。**

次に多い種は、**ニゲタガリ系**。彼らは責任を自分でとらず部下に分散させ、難しい仕事ほど率先して振ってきます。

振られた仕事を返すときは、上司が好きそうな情報をテンコ盛りにするのがポイント。こうすると、急に興味が湧いてきて、逃げ出さなくなります。この際、「きっと、これで大丈夫だと思います」と、**小さな太鼓判を申し添える**こともお忘れなく。

その後、状況次第では「君が大丈夫って言ったのにー」と攻めてくることもありますが、彼らは年中誰かのせいにしているので、気にしなくても平気です。

最後に、**イクセイ系**。このタイプは、あえて上司がすべき仕事を部下に振って部下を育てるタイプ。親ライオンが子ライオンを谷底に落とすのと同じです。

仕事をフラれた直後は、「これ上司の仕事じゃね!?」といらだちますが、たとえば議会答弁や進捗管理は、**手を動かすうちに課全体の仕事の流れや対外的な言い回しが理解できる**仕事。できうる範囲の内容で仕上げて早目に提出すれば、彼らは資料を添削しながら「○○さんの資料のおかげでうまくいきそうだよ」とねぎらってくれるはずです。

格好よいフラれ方

仕事のフリ方は、上司によって千差万別。自分が得るモノも感じ方も変わります。どうせやらなきゃいけないなら、うんざりしつつも「ハイヨロコンデ」と受け流し、やれる範囲でこなせば小さな達成感も得られます。先送りしてもロクなことはないので、**上司に速球を投げ返す勢いで、さっさと対応**してしまいましょう。

2

ほおっておけない！

ワチャワチャ上司

～おさわがせ上司に良く効く「きつけ薬」～

慌てる上司

小さなことでも大騒ぎする人は、どこにでもいます。子どもならご愛嬌ですが、同僚なら少しウザい、まして上司ならば、結構ウンザリします。

議員から呼び出されれば「ヤバイヤバイ、誰か一緒に来て！」と同伴募集、首長説明の前には「わぁ、誰か代わりに説明して！」と、半泣きで懇願。ただ、いざ本番が近づくと急に責任感を発揮して「やっぱり俺が説明する」と、開き直り。「お、やるじゃん」と部下は一瞬見直しますが、蓋をあけると、自ら説明しはじめた途端、テンパりはじめ、最終的に部下がフォロー。

見事なマッチポンプ……。

傍から見てると面白くても、「自分が上司の代わりにやった方がよいのでは……」と僭越ながら思うこともあります。

ビビリのメカニズム

ビビる上司は、総じて**マジメで、実は頭の回転が速い人が多い**。この「マジメ×頭の回転数」のメカニズムが、不幸を呼びます。

たとえば議員に呼ばれると、議員の性格、呼ばれた理由、対処方法などすべてが一瞬で浮かんでしまうため、とたんにフリーズ。しかもマジ

メスイッチが即座に入り「こんな大変なことをオレ一人で!?」と一挙に抱え込み、パニック。ここまで3秒。常人ならば数分かけてじっくりと判断することも、高速で強制終了。まさに「繊細な天才」、ちょっと可哀そうです。とはいえ目の前でワチャワチャされると、課全体が新喜劇のようにドタバタしてしまう。時には、冷静なツッコミも必要です。

クールなツッコミ

上司がワチャりはじめたら、落ち着くまで、静観。高速処理中には、余計なコマンドを入れてはいけません。その後、無口になった頃合いで、「大丈夫ですか」と優しく声掛け。この段階では、上司はフリーズ状態のため、一つひとつ、順序だてた対応が必要です。

気をつけたいのは、上司の**プライドを傷つけない**こと。僭越な態度をとったり、部下が全部を仕切ろうとしたりすると、途端に不機嫌になります。まずは、上司を立てる形で、「議員はこういう性格ですよね」「この案件なら、こうしたらいいですよね」と確認調で質問していくと、冷静さを取り戻します。

最後は「大丈夫だと思いますが、念のため、一緒に行きましょうか」とご提案。このキメ台詞で、上司は落ち着き「大丈夫、オレ一人で対応するから」と開き直ります。もちろん、「一緒に来て」と言われれば、迷わず同伴。このプロセスを経た上司は、妙な強さを発揮、本番は一人でやりきってしまうから、不思議です。

このタイプの上司は、本来は天才ですので、落ち着けば能力を発揮します。一番怖いのは、冷静さを欠いたまま本番を迎えること。それを防ぐためにも、相手の状況を見極めながら、ツッコミ型のきつけ薬を処方しましょう。

もちろん、巻き込まれたくない人は、ずっと**傍観していてＯＫ**。テンパっているときの上司は、周りが全然見えていません。助けてくれた人のことは覚えていても、傍観者のことは、全然見えていませんから、大丈夫です。

3

相談しても答えは曖昧

スレチガイ上司

〜無責任上司には「焦らし誘導」〜

イラつく逆質問

「これ、どう思う？」

上司にこう問われたら、どう思いますか？

自分を信頼してくれている、と意気に感じることもあれば、そんなん上司が決めてよ、とウンザリすることもある。上司に相談しているのに、逆に上司から判断を求められると、何のために相談したのか、わからなくなります。

そんな、相談を持ち込まれた上司はたいていい「**オラオラ型**」、「**ジックリ型**」、「**ウジウジ型**」の3パターンに分類できます。

彷徨《さまよ》える上司

「**オラオラ型**」は近寄りがたいですが、「決めたのは上司だし」と、自分に逃げ道が残る分、ラクな気持ちになることもあります。ただ、上司任せがすぎると、やがては自分を見失い、最後は「どうせ上司が決めるんだし」と思って、「**指示待ち人間**」になってしまうリスクもあります。

そう思うと、部下の意志を汲んで決断する「**ジックリ型**」はありがたい。ジックリ型は、部下の判断に委ねることが基本。部下の相談に耳を傾け、**部下の主張も尊重**してくれます。相談ごとは、上司のフィルターを通したうえで判断されるので、部下の満足度はとても高くなります。

一方で、面倒なのは「**ウジウジ型**」。ウジウジ型は、「うーん、で、君はどうしたいんだっけ？」と、逆質問を繰り返し、最後は「よし、君に任せる」と丸投げ。この時点で、相談した意味がゼロ。結局、上司フィルターを通過するどころか、相談したこと自体が水の泡、挙句、**全部が自分の責任**になってしまいます。

これ、単に上司が優柔不断ということもありますが、それ以上に**部下たるあなたにも原因がある**場合が多い。それは、「あなたの質問が高度すぎた」ということ。つまりあなたが抱える仕事が難しく、上司のキャパを超えてしまうこともあるのです。

若手職員よりもキャパが小さい上司って……、と思いますが、実際、対住民の最前線にいるのも、斬新な新規事業を思いつくのも、頭の柔らかい若手が中心。年を重ねた上司の想像を絶する相談ごとが生み出されることは、当然ともいえます。なので、「任せる」と言われたら、それは、あなたの発想が、上司を超えた証し。自分の好きなように仕事を進められるGOサインです。

時に必要な安定剤

もちろん、好きなように仕事ができるといっても、時には、「安定剤」としての上司の判断がほしいときもある。そんなときは、相談内容を小出しに、焦らしながら切り出してみましょう。

一気にすべて話すと、キャパオーバーの上司は一気にパンク。相談ごとを順序立て、一つひとつ上司が判断できるように配慮するのも、部下の優しさです。

小鳥に、ひと匙ずつご飯を食べさせているようですが、こうでもしないと理解してもらえないほど、**部下の仕事が先端を行っている**こともある。はからずもあなたが上司を育てているような逆転現象も役所にはよくあることです。

4

出ました「やっぱ元の案で」！
コロコロ上司

～落ち着いて「腹八分」対応～

三千年も変わらぬ上司？

朝令暮改――中国の古い諺ですが、いつの時代も、上司の言うことはコロコロ変わります。コロコロ上司もいろいろあって、言ったことを忘れている「**物忘れ型**」、言ったことに責任が持てない「**弱腰型**」、言ったことは変わって当然の「**自信満々型**」、の三つに分けられます。

徒然なる物忘れと心変わり

「**物忘れ型**」は、ある意味老人に近く、怒るだけムダです。この型には、仕事が多すぎて指示した内容を忘れてしまう気の毒な上司もいる一方で、仕事以外のことに夢中で、言ったことなど端《はな》からスッカリ忘れてしまう人もいます。

後者の場合は、話題のドラマや週末のゴルフのことはしっかり覚えているので余計に腹立ちますが、解決法は極めてシンプル。物忘れがはじまったらすぐに「さっきはこう言いましたよ」と**最初の指示を念押し**する。そうすると物忘れ型は「ごめん、そうだったね」とあっさり引き下がるので大丈夫。強気で押せば、手戻り無しです。

逆に厄介なのは「**弱腰型**」。このタイプは、自分で考えるよりも人の考えやでき上がった資料を見てから、「やっぱりこうした方がいいんじゃない？」と、評論家的にコメントします。

面倒ですが、返し方は簡単。

「いや、この方がいいと思います」と一旦押

し戻してみて、それでもグチグチ言ってきたら、周りの人（できれば係長級）を捕まえて、「これ、この資料でいいですよね」と、味方をつけて再度押す。**このタイプは、多数決には弱い**ので、「そうか、それならいいや」とあっさり引き下がります。ポイントは、一人で上げずに、仲間をつくってから上げる、です。

一番手ごわいのは「**自信満々型**」。彼らは、世間は常に動いておりその時々に最良の判断をすべし、という信念から、朝令暮改こそ善と開き直ります。特に仕事ができる人は、部下に指示を出したあともずっと案件を考え、時事ネタや役所内の別情報など、常に旬な情報に自分の考えを照らし、部下への指示を修正します。

対する部下はたまったもんじゃありませんが、よくよく考えれば**随時の改善は当然**のこと。スマホやパソコンのOSだって常にバージョンアップするのと同じです。

このタイプに対するときは、**資料をつくりきらず余力を残しておく**こと。そして納期スレスレまで資料を返さないこと。つくり込んだ資料は、ひっくり返されたときの徒労感が半端ないですし、すぐに仕上げても、その後修正が入る可能性はかなり高い。常に腹八分目なら、目まぐるしく指示がなされても、落ち着いて対応できます。

ダイエットでスマートに

部下からの相談ごとに対する上司の対応は様々ですが、どんなタイプかさえわかっていれば、こっちのもの。

あとは**腹八分目で頭と手を動かし続ける**だけで、スマートな職員として、とっても健康的な日々が送れます。それまでは振り回されて大変ですが、自分に負荷をかけるダイエット期間だと思って、いろんな汗を流してみましょう。

5

ついていけない！
アゲアゲ上司

～「これ面白いからやろうよ！」は「“ウケ”流す」～

ヒートアップ

アツすぎる上司は困りもの。興味のアンテナがビンビンで、新聞やネットを常にチェック、気になる記事は課内に回覧。挙句に、「これ、ウチでもやろうよ」と、大きな声で独り言。ウッカリ目が合ったら最後、その仕事は自分が担当する羽目に……。

通常、管理職となれば手持ち業務は減って、マネジメント中心になります。ところが人材難の地方公務員界隈（特に市町村）では、デキル人に仕事が集中するので、管理職でもヒラ職員レベルの仕事を抱えがち。しかも、年の功で仕事が早くて上手いからとても厄介。宴会なら歌って踊れる上司は楽しいですが、仕事の席ではできれば静かにしてほしい。こんな上司への対応は、**「右から左に受け流す」**が基本です。

華麗なフリ方

アゲアゲ上司の本音とテクを開陳します。経験豊富な上司の理想は「生涯現役」。いつまでも手を動かしたいけど、管理職ゆえガツガツするのもみっともない。この悶々から繰り出すテクが**「ノリツッコミ」**。「部下に仕事を振ってから乗っかる形で自分の色をつけていく」という高度なワザです。では、どう乗られるか。

「これ、面白いよね」とのフリがきたら、**「面白いですね、それ」、一旦ウケて、即放置**。すぐに

誰かに電話するか、サッと席を立つ。ウケて安心の上司は、この場は深追いしてきません。

ここから熟成期間、アゲアゲ上司がしびれを切らし、現役復帰するまで待機です。フラれた仕事に興味なしなら、このまま沈黙。アゲアゲ上司は自分でやるのも大好きなので、あなたは「ウケてくれた可愛い部下」という好印象のまま、仕事はフラれない可能性大です（多少はお手伝いさせられるかもしれませんが……）。

逆に興味があるなら、アゲアゲ上司の始動にあわせて（急にガチャガチャ企画書を書きはじめるのでわかります）、「その件私がやりましょうか」と打診してみる。

するとアゲアゲ上司は大喜び。あなたを相方に指名し、自ら筆を下した企画書を手渡します。ここまでくれば大成功。自分でゼロから企画するよりハイレベルの企画書が労せず手に入るのであとの仕事はラクラク。しかもアゲアゲ上司のご指導つき。少々面倒ですが、デキる上司からの愛の指導で自身もスキルアップします。

攻めるも守るも

とかく保守的な役所のなかで、チャレンジ精神旺盛なアゲアゲ上司は稀有な存在。傍から見ていれば面白いですが、疲れているときには、距離を置きたいのも本音。一方で、いつかはフラれる仕事ならば、押しつけられるよりも、取りに行った方が気持ちいい。

このあたりの匙加減は、その時々の状況で変わりますが、面白そうだな、と思う仕事があれば、時には前向きに攻めるのもアリです。

もちろん、本当に嫌なときは、ウケ流さずに、全くムシでも大丈夫。幸いアゲアゲ上司は、最後はピンでもやる気満々。ムシされて拒否されても、あまり気にしていないことが多いので、そばで見て学ぶだけでもＯＫです。

6

人事考課もサジ加減
ゴヒイキ上司

～決め打ち上司に「色目は不要」～

人事考課の不安

人事考課が導入されると、自分の仕事ぶりは、上司に評価されることになります。昇任や給料に影響が及ぶ考課もあれば、単に通年の仕事を総括されるだけの軽めのものも。どちらにしろ、上司に「見られている」のは気持ちのいいものではありません。まぁ大半は、そんなこと意識せずに普通に仕事をしてるんですが……。

ただ、自分のことがどう思われているか、には無頓着でも、明らかに「あの人、なんか上司に気に入られてるよな」とチラチラ目に入ってくる人はいます。

たとえば、何かあれば「○○さん、これお願い」、仕事が返ってくると「さすが〇〇さん」と、アウンの関係。自分がやりたい仕事でも、指名が入るのは〇〇さんだけ。対する〇〇さんも手慣れたもので、仕事が投げられる前に、上司に仕事をご提案。卓球のラリーならば、その連続性に感心しますが、こと仕事になると、ポンポンとタマが弾む音（二人の声）が妙に気になります。「ラブラブしてんじゃねぇよ」と。

上司の事情

仕事が特定の個人に集中することはよくあることです。もちろんそれはその人のスキルにもよるので、それは否定できません。上司も、スキルの高い人に仕事を振った方が課内の仕事はうまく回るし、その分自分（＝上司）の実績にもなる。

そう、「自分の実績」。**ゴヒイキ上司の特徴は「自分の人事考課を気にしていること**が多い。つまり上司、仮に課長とすると、この課長が部長になるためには自分の実績を上げる必要があり、そのためにはデキル部下に仕事を任せることが最短距離。

そして、仕事を振られる部下も、案外、上昇志向が強いので、上司の得点＝自分の成果と冷静に判断。上司がゴールを決めるためのアシストに徹します。

こうして、上昇志向の無双ループが完成。絶妙な関係の背景には、人事考課が潜んでいることは否めません。

戦わぬが得

しかしこれ、人事考課の弊害ともいえますが、冷静に見渡してみると、制度よりも、単なる相性の問題もあるようです。仕事ができても、上司とそりが合わない場合は、仕事は投げらないし、上司よりも仕事ができる人も、上司が下剋上を恐れて、あえて仕事を振らずに干すこともある。結局は上司の好き嫌い？

結論、ヒイキの関係は面倒くさいので、深入りしない。ヒイキされないということは、自分の仕事振り云々よりも、人間的に合わないことが多い。なので、潜在的に相性の悪い上司に取り入る必要もなく、**むしろかかわりが薄いことを喜ぶべき**です。

だって、苦手な人に絡まれるのは、嫌でしょう？　課内で「上司と部下」がイチャつくのは気になりますが、そのなかに巻き込まれるのは最悪です。

かかわらなければフラれない。恋愛も仕事も、時には臆病ぐらいがちょうどよい。

ゴヒイキ上司は「恋は盲目」的な人が多いので、無理に気を引こうとせずに、傍観者に徹しましょう。ふつうにしていれば、人事考課もふつうです。

公務員の人事考課は、そんなに待遇に差が出ませんので、泥沼は避けて、欲張らない方が、最終的にはお得です。無理して取り入るのはやめておきましょう。

7

お役所仕事は納期が命。
シンチョク上司

～こまめな確認には「過少申告」～

シンチョクの背景

どんな仕事もスケジュール管理は必須。窓口なら、受理した書類の手続き期限、事業課のイベント担当なら、開催日までに準備を終えること。とかく公務員は、仕事の「質」よりも、期日までにミスなくキッチリ終えることが求められます。

ゆえに、上司は「あれどうなった？」「これ、間に合うの？」と、細かく進捗確認。その過干渉っぷりは、「親かよ？」と思うほどに面倒くさい。大人なんだから、「宿題やったの？」「今やろうとしてたのに！」的なやり取りは避けたいところです。

小心対策

シンチョク上司の特徴は、**「気が小さいのに完璧主義」**。公務員によくあるパターンです。気の小ささは、叩かれることへの恐怖心ゆえ。失敗したら、首長や住民に怒られる……。将来起こりうる恐怖体験を和らげるため何度も確認してくる姿は、お化け屋敷の中、「この道で大丈夫？」と震えながらつぶやく小心者の彼氏のよう。こんなときは優しく「大丈夫、前に進んでるよ」と状況を教えてあげましょう。

震える上司の大半は、震えているだけで、仕事を手伝いません。主導権をもっているのは、あなた。上司が不安そうならば、「はい、順調に進んでいます」と前向きな回答を繰り返すこと。仮に、そのときは順調でなくても、よほど危機的な状況でない限りは、最終的には帳尻が合うので、大丈夫です。

それでもまだ震えているようなら、**「いま、全体の〇〇％ぐらいは終わっています」**と、定量的に示すと、相手は喜びます。**このパーセンテージは適当で可。**定量的であることに意味があるので、日に日に5％刻みぐらいで上げていけばＯＫです。

完璧対策

もう一つ面倒なのは「完璧主義」なところ。シンチョク上司は、仕事の質よりも、「最初に決めた内容どおりに進んでいるか」を気にします。

仕事なんて、取り組むうちに状況が変わりうるので、予定どおりに進むとは限りません。たとえば農業イベントの景品が、農家の都合で桃から梨に変わったとき、「小さな完璧主義者」は取り乱しながら「なんで梨？　いまから桃つくれないの？」と叫びます。相手の都合はお構いなしで、最初に決めたことが変わることが許せない。

こんなときは堂々と、「同じ果物なので、問題ありません」と開き直りましょう。無理なものは無理ですし、イベント参加者の多くは、果物がもらえればうれしいはず。より万全を期すなら、イベント告知の際に「果物プレゼント！　何かは当日おたのしみに」とだけ書いておきましょう。

シンチョク上司には、**最初に細かく決めすぎず、余裕をもって計画を立てる**のが効果的。長めのスケジュール＋少ないタスクを設定し、予定よりも早く、多くのタスクをこなしたように見せるのが有効です。上司と一緒に焦っても仕方ないですし、不安な点があれば早めに同僚や他の上司に相談しましょう。

もちろん時には、上司に聞かれる前に「あの件ここまで進んでます」と教えてあげることも優しさのうち。「宿題やった？」と聞かれる前に、「宿題やってくるね」と先に言えば、親が喜ぶのと一緒。日が暮れる前に、電気をつけてあげましょう。

精神を削られる！

上司からの「最近、元気ないの？」

なぜ上司は、自らの情緒不安定を棚に上げ、若手に「常に元気」を求めるのでしょうか。仕事にも慣れてくると、業務内容や職場の人間関係への悩みも増え、プライベートでも、結婚や転職もチラつきます。そんなときに、「元気100倍！」とアンパンマンのような力強さを毎日発揮するのは、至難の業です。

一方上司は「**若手は我が子のように心配**」。若手を通じて、子どもの将来を見通している錯覚に陥り、職場でも親心を120％発揮します。さらに「プロ意識」が強い上司ほど、課内の「士気」や「一体感」を重んじるので、覇気がない若手を全力で激励。これでは若手は、ロクにため息もつけません。

カラ元気を装うと、いずれパンクします。ちょうどよい対処法は、何かに煮詰まったら、「遠い目をして、軽く息を吐く」こと。椅子の背もたれに軽く寄りかかり、目線はやや上で無表情、ため息というよりも、「ふぅ」と短めに息を切る感じで。

すかさず上司は「何かあった？」と聞いてきますが、「すいません、考えごとです」と、無表情かつ無難に答えるべし。深追いされても、「まとまったら相談します」と先送ればＯＫです。

「無気力」を「考えごと」に置き換えて切り返すのは、上司ブロックの基本原則。「ふっ」と息を吐くだけで、案外気分はリセットできますし、上司も実は、そんなに深く考えていないので、気楽にルーチンで対応すれば大丈夫。

まともに取りあっていては、本当に疲れてしまいますから。

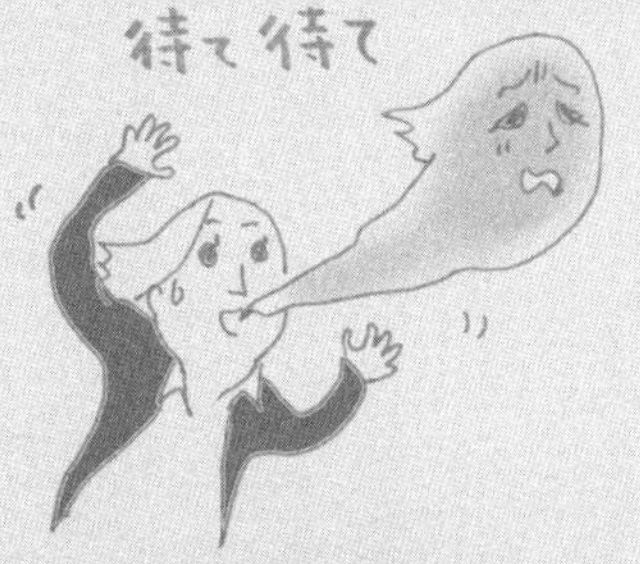

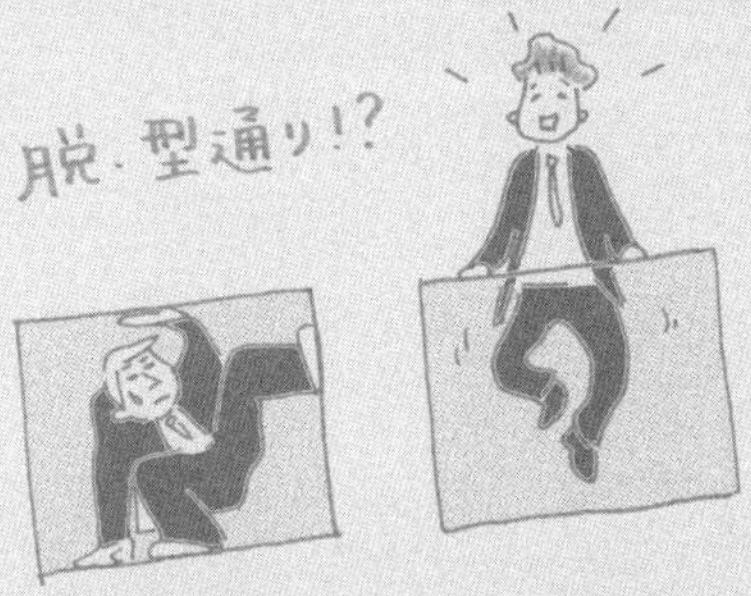

第2章

同僚に疲れたとき

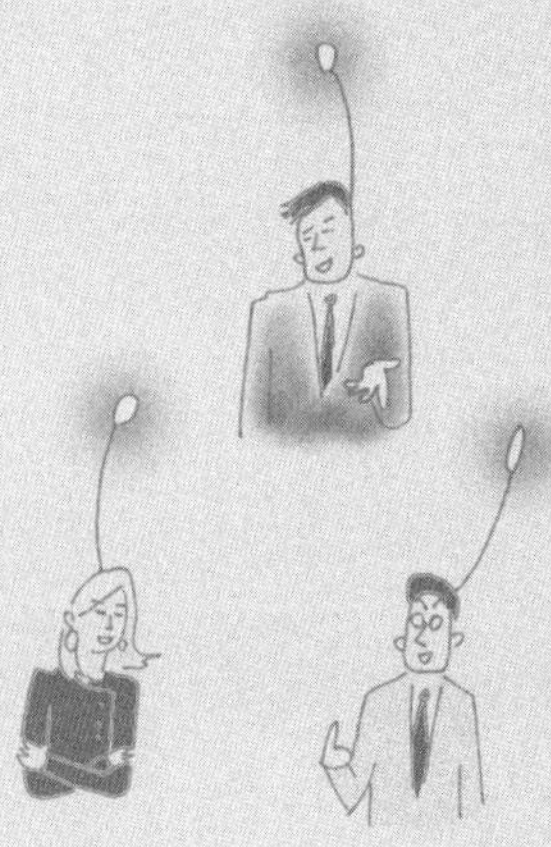

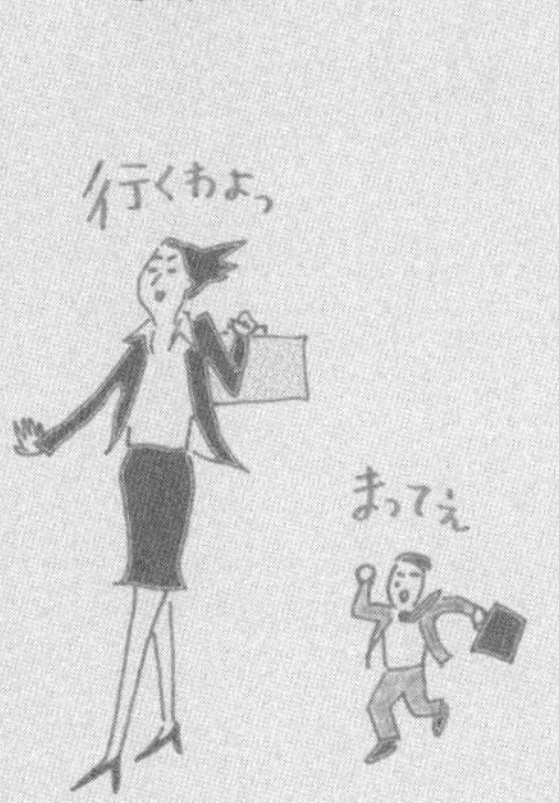

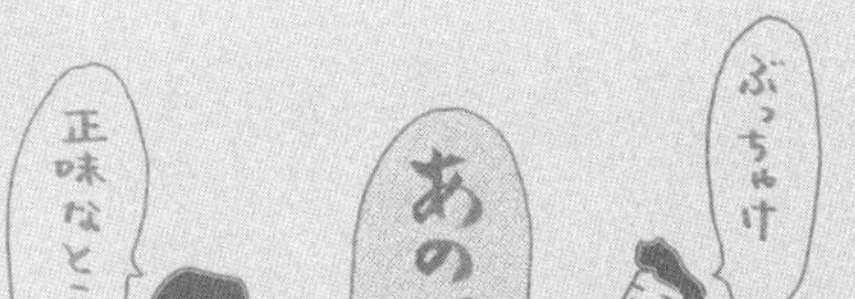

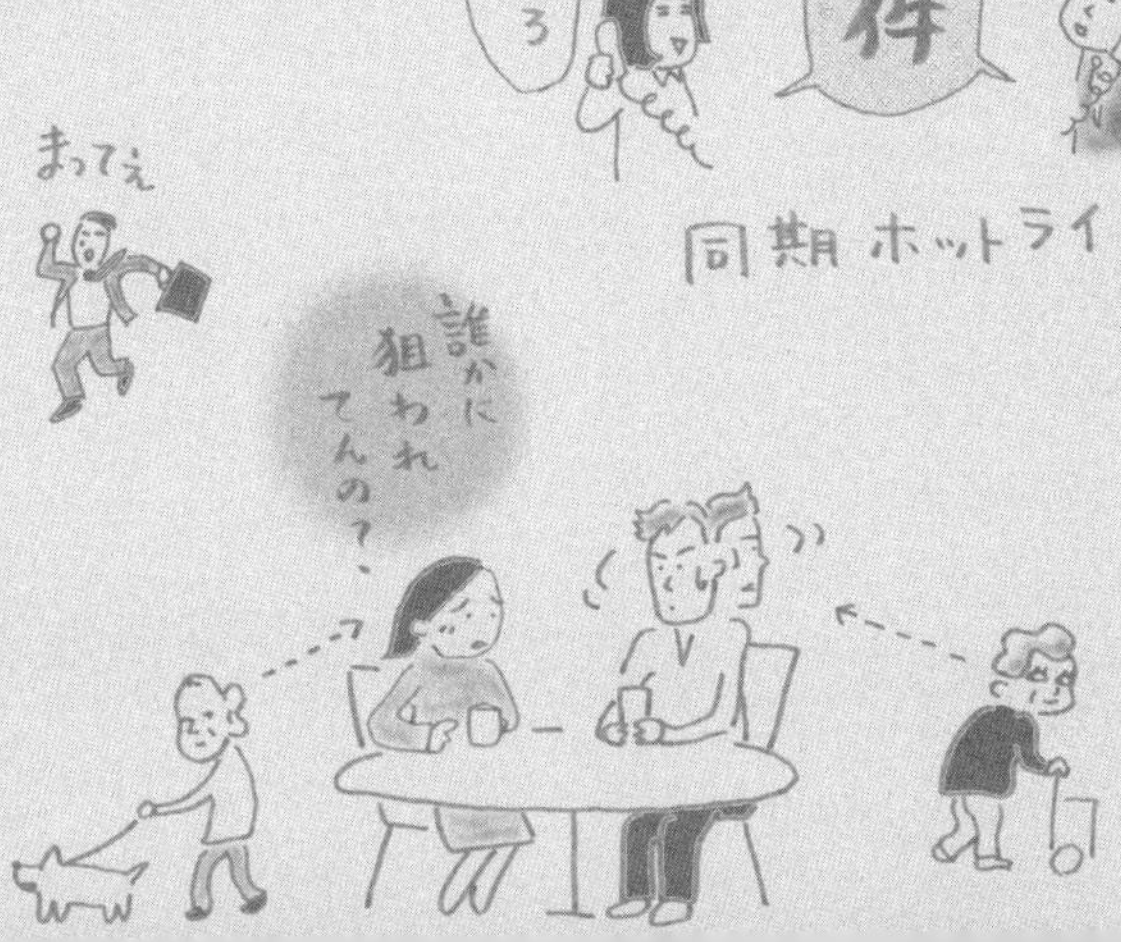

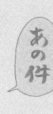

複雑怪奇な同僚には「間合いと振る舞い」

役所にも慣れ、現実も見えてきたいまは、仕事の仕方や人間関係、後輩への指導など、悩みは尽きません。

こんなとき頼りになるのは、同期や年次の近い先輩後輩。ただ、みんな同じ「ヒラ職員」なのに、上目線からの物言いに腹が立ったり、まるで親友のような距離の詰め方に戸惑うことも、よくあります。

上司と部下、市民と職員など、階級や立場の違いが明確ならば、話は簡単。上司には従う、市民にも従う、基本のシナリオに沿えば、やり過ごせることは多い。

一方で、フラットな同僚同士の関係は立ち位置が難しく、若手が縦横無尽、支離滅裂でつきあう様子は、まるで即興芝居。幸せな幕引きはあるのでしょうか。

舞台にたとえるならオドオド真っ青な新人（事務所ゴリ押し）と、ピリピリ真っ赤な上司（鬼演出家）の間にいる若手は、新人気分が抜けきれない青二才（中堅俳優）、日々悶々の思春期のようです。

迷える子羊に万能薬はなく、やれることは**「習うより慣れろ」**。相手を見極め、型に応じた**「間合い」と「振る舞い」をつかむ**ことが、名優へのシナリオになります。

年次の近い同僚は、この先も身近にいる存在。ぞんざいに扱うと、後々まで面倒です。キズの浅い若手のうちに、多くの人に接して、相手の型をつかんでみる。自分の振る舞いのレパートリーを増やしておくと、これからオトナのつきあいをしていくときに役立ちます。

完璧な人づきあいなどない、相手に合わせて演じるだけ。

そう思うと、ずいぶん気持ちがラクになります。

1

「勉強会来ない？」
仲間ウチ同僚

～意識高い系には「アンテナ隠せ」～

アンテナの感度

どこの世界にも、前向きで目立つ人たちはいます。人のことをよく見ていて、アドバイスもくれる。役所のなかでもわりと有名。世間では「意識高い系」と括られ、賛否両論ありますが、実際には悪意がなく、純粋でいい人が多い気がします。

意識高い系職員の特徴は「アンテナ」という言葉が好きで、グループ形成能力が高いこと。国や地方を問わず、ネットワークを張り巡らせ、グループ化。出会いの場は、広域研修、ＳＮＳ、公務員系雑誌での公募など様々で、まるで恋愛。

恋愛と違うのは、グループ交際中心で、抜け駆けなく集団が維持されるところ。同じ「グループ」でも、たとえば恋愛禁止で脱会可能なＡＫＢ系とは対照的です。

日々ルーチンに追われる標準型公務員からすると、お堅い役所でひときわ目立つ意識高い系はまぶしい存在。勉強会など遠い世界と思っていたのに、いきなり「来ない？」と誘われたら、うれしいような面倒臭いような、複雑な気持ちになります。

夢への扉

勉強会は、意識高い系のパワーの源泉。日々の職場でたまった「役所臭」を洗い流し、同志と語らい、明日への活力をチャージ。デキル先輩の経験談から、庁外ゲストのイケてる話、こじゃれたバルでの懇親会……。

聞くだけでおなか一杯の方は、参加しないが吉。自分探しの旅がはじまる前に、「ごめん、その日は残業……」と**「仕事」を理由にお断り。**仕事熱心な意識高い系は、忙しい人には寛容だから大丈夫、咎められません。

一方、勉強会に少しでも興味がある方は、夢への扉を開けてみましょう。

名簿の価値

勉強会のリスクは、一旦参加すると、簡単に脱会できないこと。気がつけば「L―

NEグループ」に登録され、ずっと名前が残ることはよくあります。なぜでしょう？日頃の活動の成果が見えにくい勉強会にとって、「メンバーの数」はうってつけの成果指標。名簿の数は同志の数、同志が増えれば役所は変わる、社会も変わる。グループの活動は割と目立つので、そのメンバーは自ずと庁内でも周知されます。

これを「名誉」とみるか「気恥ずかしい」とみるかは本人次第。勉強会が肌に合うなら問題なし、ポジティブに自分を磨き、悩みも希望もグループで共有できます。

一方、勉強会のノリが肌に合わないなら、**無理にやめる理由を考えるよりも放っておく方が無難**。以後は、誘われても「仕事」を理由にお断りしましょう。

とかく保守的な役所のなかで、何かを変えようとすれば、意識の高さと、組織化する力は必要です。何もしないで日々を漫然と過ごす職員ばかりでは、世間の思い描くとおりの「オヤクショ」になってしまいます。

ただ、何かを変えるにもアプローチは人それぞれ。**どの程度の負荷をかけるかは自分次第**。細くとも永く健やかに働くなら、無理をしすぎないことが一番大切です。

2

明日は我が身！

地獄ミミ同僚

〜狭い世界はどんな噂も「あわせて語らず」〜

筒ぬけプライベート

どの世界も噂話でモチきりです。誰と誰がイオンでご飯を食べていた、だの、国道沿いのホテルから誰々のクルマができた、だの……。

公務員も例外ではなく、地元でウカウカ遊んでいると、同僚や市民に目撃されてしまい、仕事が進めづらくなることも多々あります。色恋沙汰から、子どもの進学先、酒癖から趣味嗜好まで、なんでこんなことまで？　ということが、他人にシレっと共有されてびっくりします。

オバ様砲

職員の数が少なく、また、人事異動のサイクルも短い地方都市では、顔なじみも多く、同僚と遭遇する確率はかなり高くなります。

たとえば「庁内カップル」が目撃されることを避けるべく、「市外へ脱出！」と電車に乗ろうとも本数が少なく、「ならば裏道へ！」とクルマを出しても交通量が少ないので、結局見つかり、**ほぼ逃走は不可能**です。八方塞がりのなか、娯楽の少ない職場では、人の噂が主役になってしまうのは、やむを得ないところです。

一方で大都市は、娯楽も多く、人混みにも紛れやすいので、地方都市ほど噂が前には出てこない。ただ、抑止力が少ない分、色恋沙汰は泥沼化したり、出世レースにまで噂話が持ち出されるなど、それはそれで息が詰まる状況になったりします。

初耳と意外性

多くの噂話はたいてい、在籍人数の多い窓口課に集約されます。そしてリーダー的なオバ様が文春編集長のごとく、各方面に口コミ配信。オバ様には、〝同志〟の女性職員や、男性陣の取り巻きも多いので、情報は瞬く間に職場内に共有されます。

あなたが噂好きならば、**シレっと聞き耳をたてていればＯＫ**、時々「えっ知らなかった。意外ですね」と相槌で大丈夫。**ポイントは、「初耳」と「意外性」**です。

既に有名な噂話も、その場ではお初を装わないと、重鎮の気分を損ねます。

また、重要なのは、深くコメントしないこと。うっかり池上彰ばりの解説や、気の利いたコメントを発すると、瞬く間にオバ様軍団の仲間入り。ことあるごとに絡まれて、有象無象の話につきあうことになります。

逆にあなたが噂に興味がなく、うんざりしているときには、噂の現場に寄りつかないことをオススメします。御多分にもれず、**噂は給湯室から沸き上がります**。お茶当番のとき以外は、できるだけ自前のコップをつかわずに、**ペットボトルか水筒持参で危険回避**。飲み会などで、仕方なくそういう場面に遭遇した場合も「え、知らなかった。意外ですねー」と言って切り抜けましょう。

いつ自分が噂されているかはわかりません。ただ、そのために行動を制限するのも馬鹿らしい。ならいっそ地方公務員は芸能人と開き直って好きにやってみては？

どうせ噂になったって、「知らなかった、意外ですねー」で片づけられていると思えば、気楽です。週刊誌と同じで、噂は鮮度が命。すぐに忘れられますから。

3

それ言うの何回目？

愚痴グチ同僚

～現実逃避は「期間限定！」と割り切ろう～

グチの変遷

入庁して何年か経つと、職場の悩みもレベルアップ。仕事を覚えるだけで精一杯だった頃と違い、周りが見えてきた5年目ぐらいは、悩みは質量とも重くなります。

そんな第二次職員成長期の頃、厄介なのが、同僚のグチ。自分のことでも手一杯なのに、だれかれ構わず不満をぶちまけに来る輩が、実に多いこと……。

先輩の女性は、苦手な同僚の「**人間性**」についてグチり、**同期の男子**は、やりがいや残業など「**目先の仕事**」についてグチる。これらの愚痴への対処法は割と簡単で、女子に多い「キャラグチ」は、その場限りのストレス解消＝「余興」と割り切って適度に相槌を打てばよし、男子に多い「仕事グチ」も、共感できるところは「だよねー」と合わせておけば、相手の精神安定剤としてもそれなりに役立ちます。

こんな「スタンダードグチ」ならよいのですが、よりイラつくハイレベルな愚痴が、若手特有の「**逃避グチ**」です。

グチの向こう側

逃避グチの代表格は、「大変だけど、オレ、超がんばってる」＝「**地獄のミサワ系**」と、「アタシ、役所では実力発揮できないから転職する」＝「**勘違いマイナビ系**」。どちらも、若さゆえのグチです。

背景には、役所の仕事は成果が見えづらく、叩かれても褒められにくいことがあります。企業の「売上」のように、役所には、成果を客観的に評価する仕組みが少ないため、志の高い若手ほど、自己の承認欲求が行き場を失いがち。結果、残業徹夜大好きなミサワ系や、転職命のマイナビ系が幅を利かることになるわけで……。

グチの踏み絵

ふと、自分を振り返ると、口には出さなくても、心のなかのミサワやマイナビに気づき、愕然とします。でも、口に出すかどうかは、個人の性格と、周りの環境次第。たとえば学生時代に「テスト勉強した?」と聞かれて「全然(本当はやってるけど)」と答えた人は大丈夫、奥ゆかしいのでミサワの資質はありません。また、自分の周りに、「自己啓発系のビジネス書」が大好きな先輩がいなければ、内なるマイナビが引き出されることもありません。

つまるところ、**類は友を呼ぶ**。ミサワやマイナビの愚痴は、踏み絵と同じです。

「私も徹夜しちゃってさぁ」とか「自分の大学の先輩が転職してさぁ」などと、相手に同調して自分もグチりだすと、もう止まらない。あなたもミサワやマイナビの仲間入り。それが嫌ならグッとこらえて「大変だね、がんばってね」と、最低限の相槌に留め、あくまで他人事として処理することをオススメします。

この「逃避グチ」、心配は無用。**思春期と同じで放っておけば収まります**。三十代後半になれば現実も見えて、ミサワもマイナビも自然消滅。グチの対象がグッと広がり「言うことを聞かない部下」や「家族の将来設計」などに変わっていきます。

これはこれで大変なので、当面は先送りして、今は若気の至り切った「ジコチュウ」なグチに悶々とするのも、良い経験です。グチが言えるのは健全な証拠。通過儀礼と割り切り、適当に聞き流しながら、やり過ごしましょう。

4

甘えて良し!

アネゴ肌同僚

~姉御がいるなら「見て学ぼう」~

女性躍進?

巷では、働き方改革などで、女性登用が積極的です。公務員界においても、女性職員は多いものの、管理職比率はまだまだ低いのが現状。育休や時短勤務が取りやすく、働きやすい反面、その制度の充実ゆえ、上に上がるというよりも、家庭に満足度を求める傾向も強いようです。

そんななかでも、中堅の女性職員には、独特の元気を持つ人々がいます。既婚・未婚を問わず、緻密でパワフル。草食系やら非モテ系やらのヒョロい若手男性職員が増えるなか、若手を引っ張り、上司からもいろんな意味で一目置かれる姉御さんです。

女優にして司令塔

姉御はどんな職場にも「鎮座」が用意されます。いつでもどこでもキャラとポジションを確立する様は、脚本を選ばない名女優のよう……。

彼女の強味は、**いい意味での圧の強さ**。絶妙なタイミングで押し、引くときは引く。上司が無理難題をふっかけようものなら、「それは無理ですよー」と笑いながら拒否しつつも、「これぐらいならできますけど」と素早く妥協点を提示。すかさず、「○○くん、これよろしくね」と仕事をリリース。

この一連の流れは、かつての「なでしこジャパン」の澤穂希のパスさばきのように鮮やか。味方の足元に優しく出すパスは処理しやすく、絶妙の司令塔です。

姉御は、職場の内外からも信頼が厚く、地元住民からの評判も上々。外部電話の指名率もナンバー1、外部からは「○○ちゃん」とか気安く呼ばれても平気（ハラスメント基準値は相手に応じて柔軟設定）、難しい仕事も「○○ちゃんに頼まれたら、仕方ないかぁ」とスムーズに運びます。

女性というよりも、一個人として認められている強さがあります。

使って盗んで独り立ち

素敵な姉御への対応の基本は、「**最短距離から、見て盗め**」。どこから盗むか。まずは姉御の電話応対を見れば、実力がわかります。

ワンコールで取り上げ、ハキハキと名を名乗り、相手に応じて敬語・タメ語・方言を使いこなす。急に無表情で受話器を肩に挟み、パソコンを打ちはじめたらそれはクレーム処理。相手の話は聞いてるフリで、別の仕事をはじめる姿は、まさに神。

このほか、姉御フィルターを通して回ってくる仕事は、たいてい「**調理済**」**なので、自分から取りに行かずに待つ**方がラク。困った仕事は相談すれば的確対応、アドバイスだけでなく、そのまま引き受けてくれることもあります。自信みなぎる姉御には、何か言い返すとご機嫌を損なうこともあるので、黙って従うが吉、です。

では、姉御タイプが苦手な人はどうするか。鋭い姉御は、相性が悪い相手を瞬時に見抜き、無理にかかわってきませんし、仕事を振るぐらいなら自分でやってしまうので、**傍から見ておけばＯＫ**です。さっぱり姉御は陰口も叩かないから大丈夫。

こうして見ると、いつでもどこでも姉御のそばにピタッと寄り添いたくなりますが、唯一の欠点は「自分が育たないこと」。うっかりすると、姉御の「ヒモ」です。甘えん坊もほどほどに、ちゃんと盗んで、自立の準備はしておきましょう。

5

頼んでないけど……
仕事サバイバル同僚

～仕事を奪いあう相手には「ほめて刺せ」～

リアルクジゴジ

公務員といえども、9時5時なんてありえない、という職場も多いなか、これを地でいく職場もあります。

少人数で、庶務的な業務を行う職場、主に外郭団体などに多いクジゴジ職場は、父・母・姉・自分と、まるで家族のような年齢構成。食卓を囲んでも会話がない家族のような活気のなさは、ヒマすぎて自分を見失いそうです。さらに不思議なことは、こんなにヒマな職場なのに、**パートさんがいたりする**わけで……。

お仕事争奪戦

一般にクジゴジ課ほど、忙しさをPRするため独自にパートさんを雇用しがちです。このためやる気のある若手は、パートさんがライバルに。伝票整理ならば束を奪いあい、電話が鳴ればワンコールで取りあう、まさに、**日々サバイバル**……。

そうこうしているうちに、どういうわけだか、新人職員が配属されたりするので、事態はさらに悪化。今度は新人が、あなたの仕事を奪いにきます。

仕事が多くて体調を崩す職員もいるなか、こんな低次元な争いが繰り広げられる現実。世間の評判どおりの構図にウンザリしますが、ここで油断すると、絵に描いたような公務員になってしまいます。

クジゴジ課に若手を配属する理由は諸説ありますが、必ずしも「仕事ができないからクジゴジ課配属」ではないので安心してください。**「一風変わった職員を育てるため、あえて若手をヒマな部署に配属する」**という有力な説があります。

規格外養成機関？

たとえば、大人数の繁忙課の場合、担当業務は細分化され、自分でできる範囲は限られるので、個性を発揮する余裕はありません。結果、融通の利かない「正しい」公務員ができ上がりがちです。

一方、クジゴジ課は、**自分で考えて仕事をつくり、自分で考えた仕事は最初から最後までやりきる**必要があります。場合によっては、簡単な仕事はパートさんに仕事を振ったりと、若くしてマネジメント力も磨かれる。この結果、我流とはいえ、いろんなスキルが身につき、いわゆる**「らしくない」公務員**に仕上がります。

往々にして、クジゴジ課の上司は、寡黙で温厚な父のようで、若手を野放しにします（暇だから放任）。これを逆手にとれば、やりたい放題できるわけです。

もちろん最初はそんなことにも気づかないので、眼前のパートさんや後輩と目先の小さな仕事を取りあうのですが、少し俯瞰してみると、自分で仕事をつくり出すことの面白さに気づきます。奪うよりもつくる。なんだか人類の進化のようです。

庁内を見渡しても、クジゴジ課出身者ほど、**仕事の融通を利かせてくれる「柔らかい職員」**が多く、この「説」もあながち嘘ではないようです。もちろん、ヒマが性に合う人は、無理する必要がありません。存分にクジゴジを満喫してください。

異動の多いお役所人生は、ある意味「質量保存の法則」。ヒマな課と繁忙課を行ったり来たりなので、長い目で見れば仕事量の帳尻は合うようになっています。

攻めるも守るも自分次第。割り切って、現状でできることをやっていきましょう。

6

「なんとかならない？」には応じよう。

オタガイ様同僚

～持ちつ持たれつ「円満同期」～

タテジマ組織

役所は縦割り。所属には、部長・課長・係長という「縦の決裁ライン」があり、所属の外には企画部・福祉部……という「部単位の壁」が。役所全体を見渡しても、縦方向の直線ばかりで、横に交わることはめったにありません。これは大企業も同じで、組織が大きいほど縦縞が強くなり、何をするにも、横の連携に苦労します。

背景には、部内で上司決裁を取るだけでも大変なのに、他課との関係にまで気を配る余裕がないこと、また、たいていの上司は、「それはウチの仕事？」とディフェンシブなので、フツーの若手は、この壁を崩す意欲も沸いてきません。

結果、他課からの相談やお願いごとも「それ、無理だと思います」と即お断りです。

頼れる同期

とはいえ取りつく島はゼロではない。一般に、庁内の横割り業務は2パターンあります。一つは、庁内の照会モノで、総務・企画系由来の「**照会業務**」、もう一つは、たとえば他課に観光イベントなどで出店などをお願いする「**施策連携**」です。

どちらも「通常業務＋アルファ」なので、頼まれる方は迷惑極まりないのですが、上手く処理するには、表面的な依頼内容の裏側にある真意をつかむことがポイント。

その際に威力を発揮し、暗躍するのが、各職場に点在する「**同期の職員**」です。

職員の採用数は、役所によって大小様々ですが、研修などを通じて割と仲の良いグループが形成されます。年次を重ねるうちに顔見知りも増え、業務上でも信頼できる先輩や後輩も増えますが、当面、若手の頃に頼りになるのは「**とりあえず同期**」。

「とりあえずビール」の感覚で、気安く頼める仲間が、幸運のカギを握ります。

機織りのごとく

「照会業務」も「施策連携」も、他課から依頼がきた段階で、手を動かす前に、依頼してきた課に同期がいれば、その背景を確認することからはじめましょう。たとえば照会業務の場合は**「これ、月末〆だけど本当の〆切はいつ？」**と本音のスケジュール感を聞いてみる。また施策連携の場合は**「これ、どれぐらい本気でウチの課を誘ってる？」**と相手の依頼の本気度を確認してみる。こうして、同期からの裏情報をもとに自課の方針を考えて上司に相談すると、割とスムーズに進みます。

また、他課に無理めなお願いをするときも同じ。相手の課の状況（繁忙期か、前向きな上司がいるか、など）を事前に確認した上でソフトな発注をかけると、抵抗感なく受け入れられます。たいていの作業依頼は若手が矢面に立つので、**同期を介した裏取引は顔見知りが少ない若手唯一の確実な手。**このやり取りを通じて身につく「落としどころ＆もたれどころ」の見極め力は、今後人脈が広がるとより効果を発揮します。

どんな同期であれ、顔と名前は知っているので、内線電話で「同期の○○だけど」と名乗れば、相手のガードも緩むはず。ここでは「人としてウマが合うか」より「仕事では役に立つかも」という割り切りを優先すべし、です。

企業ほどに部署間の競争が激しくない役所は、なんだかんだで「お互い様」の世界。まずは縦縞に横縞を引く練習からはじめてみましょう。

7

ブランド物を気にしてくる
おしゃれチェック同僚

～シャレオツ系は「傍から鑑賞」～

ルパンと不二子

世間から見ると、地味な職業の筆頭、公務員。とかく目立たず、そこそこの給料で、そこそこな幸せ。服装も、髪型も普通で、世間に溶けこんでなんぼ……。

内からも外からも、そんな評判が大勢を占めるなか、まれにシャレオツな人がいて、周囲を惑わせます。男性ならば、細見のジャケットに裾が短いズボンのルパン風。女性ならば、パステルカラーのニットにミニスカートの峰不二子風。若手に多いこのスタイル、見かけた住民は思わず「この税金ドロボーが！」と舌打ちします。

条例とファッション

そもそも公務員にはドレスコードはなく、強いてあげるなら、倫理条例にある「信用失墜行為の禁止」ぐらい。平たく言えば、**住民に不信感を抱かせるようなことはNG**で、あまりに華美な服でなければ、基本ＯＫです。

一方で若い職員からすれば、仕事もさることながら日々の恋愛や結婚など将来の人生設計も真剣に考えはじめるとき。また、異性との出会い云々はともかくフツーにオシャレしたい人はたくさんいます。そんなボーイ＆ガールが毎朝鏡の前で条例に照らして服を決めるはずもなく、あくまで基準は自分目線。似合うかどうかです。

ブランド品でも上手に着こなせば問題ないのですが、ルパンや不二子のように**明らかに「短い」と、やはり古い世代からのウケは悪い**。特に「丈の短さ」は「気の短い住民」との相性が悪く、仕事以前に住民から拒否感が出てしまいます。

ところが、住民感情とは裏腹に、庁内の若手の間では「あの人、オシャレだよねー」

と高評価なので、本人たちはむしろ得意気。挙句、ルパンと不二子はファッションリーダーとなり、他人がオシャレな感じだと「その服どこで買ったの？」とむき出しの好奇心で迫ってくることも。こうなると「外見ではなく中身で勝負」などベタなことを言っても逃げられず、日々ファッションリーダーの目に疲れてきます。

ユニクロと無印

仕事がどうあれ、オシャレが面倒なときはとりあえず**ユニクロ**を着てみましょう。

全国に支店をもち手頃な価格のユニクロは庶民の味方。見事、地方公務員の世界感にマッチ。窓口では、同じ服の住民との親近感でお互いキモチよく進行します。クールビスやウォームビスで、個々人のオシャレが目につく昨今。困ったら春夏秋冬上から下までユニクロでまず大丈夫です。ユニクロがどうしても苦手ならば、**無印良品**がオススメ。ブランド名から「無印」ですから、公務員と一緒、決して悪目立ちしません。同じファストファッションでも、H＆MやGAPなどの**外資系は、なぜか高齢者ウケがいま一つ**なので、国産ユニクロｏｒ無印がベスト。

シャレオツ系ファッションリーダーは、ユニ＆無印は瞬時に見抜き、あえて声もかけてこないので、日々の煩いが一つ減ります。こうして、ユニムジ安全圏から、シャレオツ系を傍から観察してみると、それなりに目の保養になりますし、住民のお叱りで「逮捕」される瞬間も目撃できたりして、結構楽しいです。

もちろん、時には、人目を盗んで、自分の好きな服を着ていくと、窓口の応対も清々しくできたりします。大丈夫、極端に短くなければ怒られませんから。

聞かないで！

休暇前の「どこ行くの？」

休暇は当然の権利、本来理由を語る必要もなく、規則上も、申請の提出だけでよいはずです。なのに、少々後ろめたい理由（コンサート、彼氏彼女と小旅行など）のときに限って、上司に「どこ行くの？」と聞かれ、カチンときます。

下世話な上司は、全く空気を読まずに、「いいねぇ、デート?」と、必ず理由を聞いてきます。このタイプは悪意がないことが多いので、**「まぁそんなもんです」と、適当に流せばOK**です。

一方、面倒なのは、体育会系上司。このタイプは、職場が忙しかろうが、ヒマだろうが、休む＝甘えてる、と考えます。いつ休んでも快く思ってないので、簡潔に**「年休お願いします」とだけ言えば大丈夫**。慣れてくれば、いちいち理由を聞かれるよりも、黙ってブスッとされている方がラクです。

どんな上司に対しても、年休独特の後ろめたさを軽減する言い回しパターンもあります。たとえば、体調が悪い場合は「**家族が体調不良**」、旅行の場合は「**平日にすませたいことがある**」がオススメ。家族の中には「自分」も含まれますし、「平日」って年休は平日に取得するので当たり前ですが、こういうとスペシャル感がでます。自分を薄め、当たり前のことも言い方を変える、これだけでずいぶんと年休所得の「儀式」が楽になります。理由を深追いされても、「**まぁいろいろです……**」と神妙に切り返し、相手をシャットアウトできれば、あなたの勝ちです。

働き方改革も、まずは地道な心理戦からはじめてみましょう。

第3章

住民対応に疲れたとき

関係を築く！ 対住民は「善良なる八方美人」！

役所にとって住民は、大切なお客様。「住民は役所を選べない」とは、職員研修で必ず習う常套句ですが、消費者が自由に選べる企業の製品・サービスに対し、暮らしに必要な行政サービスは、納税者は選べない、だからこそ、より丁寧に対応せねばならない……。頭ではわかっていても、窓口で膨大な住民相談をこなせば心底疲れますし、電話口でいきなり罵られたりすると、瞬間、心が折れます。逃げることも、怒鳴り返すこともできない立場に、悶々と追い込まれる自分。

しかも、役所の事務には「法律・条例」が付きもの。住民から怒られても泣きすがられても、利かせる融通にも限界がある。マジメな職員ほど、法の壁を自分の限界と置き換えて、自分を責めがちです。

これは、公務員なら誰しも通る道で、永遠の悩みです。住民が役所を選べないように、役所も住民を選べない。来る者拒めずのオープンスタンスである以上、全方位で「広く浅く」お付き合いするしかありません。「法の壁」も、感情で寄り添いすぎるとパンクするので、わかりやすい説明や、別の措置を提案するなど、少しの工夫で、相手の満足度を上げるのも手です。

千差万別の住民も、悪意100%の場合は稀。ならばこちらも、構えずフラットに、後腐れなく対応したい。無理なものは無理、やれる範囲でベストを尽くす、そう割り切るだけで、表情も口調も和らぎます。「ねばならない」と、自分を追い込まずに「仕方ない」から始めてみる。住民のなかには、役所は「仕方ないところ」と思って来訪する人も多いので、お互い様です。

1

「で、結局どういうこと？」

肩透かし住民

～お手上げされたら「マニュアル無視」で～

マニュアルの穴

窓口当番は憂鬱。朝から晩まで、いろんな市民を相手に、同じことを説明……。

マニュアルどおりに手続きを進めても、相手の顔はだんだんと曇り、最後は「すいません、よくわかりません」と言われて振出しに戻る、こんな経験ありますよね。

どんな仕事にもマニュアルはあります。レストランも銀行も、お客様にどう接するかは決まっています。ただ、接遇と説明の違いは「相手に理解をもとめるか」。

特に役所の窓口は、税金や年金、各種手当など暮らしに欠かせないお金を扱うため、訪れる市民も不安と不満を抱えがち。このディスアドバンテージを考慮せず、ルーチンワークとして業務の仕組みや書類の書き方を一方的にお話すると、瞬く間に相手はフリーズ。説明にどれだけ時間を割こうとも相手はポカンとしたままです。

この「自分中心」の応対は、仕事を覚えて、ようやく独り立ちしはじめた若手が陥りやすいワナです。

寸止めの美学

今回の状況を、スポーツ観戦に置き換えてみましょう。

あなたがラグビーに最近ハマり、ラグビーを全く知らない友人を観戦に誘ったとする。

試合前に複雑なルールを全部説明しても、全然、伝わらないはずです。最初は簡単に「前に投げてはだめ」「トライは5点、キックで3点」と必要なことだけ教えた方が、相手の理解はきっと早い。その他は試合中、局面ごとに解説した方が、お互い試合を楽しめるし、ラグビーファンを増やすことにもつながります。

窓口もこれと一緒です。来訪者が窓口に着いた途端、マニュアルどおり制度の背景から手続きまで全部説明しても伝わりません。まず「この制度は初めてですか」と反応を探りつつ、表情の変化を見ながら、**「知りたいところ」から説明**しましょう。

また、同じ申請手続の説明でも、「○○しないと、もらえません」という負担を強いる話し方よりも、**「○○すれば、もらえます」とポジティブに話す**だけで、相手の表情はかなり和らぎます。

「ありがた迷惑」より「少しの親切」

どんな仕事にも、マニュアルやルールがあります。ただそれは、万人向けにつくられており、人によっては全く必要としない部分が多い。

若手職員が陥りやすいのは、**親切と思って求められていない情報まで伝え、情報過多になってしまう**こと。せっかく勉強した知識を全部伝えたい気持ちはわかりますが、相手としては**家電のマニュアルを一から読み上げられているほどに苦痛**です。

税の減免なら、背景はひとまず置いて、一番知りたい「減免額」だけを伝えてから、必要な手続きを補足する。業務の知識は十分もっているので、ここは一つ余裕の対応でネタを小出しにしてみてはどうでしょうか？　あなたが他の役所の窓口に行ってイライラした経験があるなら、そのときの相手の対応を反面教師にするのもアリです。

窓口業務は、「相手に役立つ業務」。まずはメリットを伝えられれば、その制度を好意的にとらえてファンになってくれる住民は、自ずと増えてくるはずです。

2

窓口対応は初動が命。

お連れ様住民

～同調圧力には「組織で対応」～

集団のパターン

窓口には、複数で訪れる住民がいます。児童手当関係ならば親子連れ、高齢者関連の申請ならばお爺様とその娘、土地関係ならば工務店の営業と技術者など、開く窓によって、その組みあわせは様々。複数での訪問の場合、娘がお爺様を助けるように、一方がサポート役に回ることが多い。このため対応する職員は助かることもあるのですが、**一度に５～６人のグループが訪れると、穏やかではありません**。

グループ訪問の場合、何かを要求されがちです。たとえば制度改善や許認可案件、役所の不手際の追求などは、最初は個人戦からはじまり、最終的に団体戦に格上げ。団体内も役割と戦術が明確で、主人公（＝当事者）、突撃係（＝大声で口火を切る人）、進行係（＝話を進める人）、参謀（＝冷静に要求を突きつける人）、エキストラ（＝無言で大きく頷く人）で構成されます。

よくあるパターンを再現すると、こうなります。

フォーメーション攻撃、開始

①「（大声で）バスの担当者いる？」（＝突撃係）、②「この子、バスに乗れなくて試験に間にあわなかったんだけど」（＝進行係）、③「バスが遅れた原因究明と、学校への再試験を強く要望します」（＝参謀）、④「（うんうん）」（＝エキストラ）、そして、⑤流れを泣きそうな顔で見つめる少女（＝主人公）……。

この流れで、対応するバス担当者はギブアップ寸前。「仰せのとおりにいたします」という返事がノドまで出かかりますが……。**そこで安易に謝ってはいけません。**

ひとまず、自分の冷静さを取り戻すことが肝要ですので、**一人で対応せず、上司を伴って別室に誘導する**ことからはじめましょう。

着席したら、**一番話がわかる「参謀役」がターゲット**。もう一度経緯を説明してもらいます。この際「主人公」への声掛けは厳禁。主人公が泣き出したら「突撃係」からのフォーメーション攻撃が再開されるので、冷静な「参謀役」を狙い打つこと。

急所を攻める

おそらく「参謀役」も、本音では、要求が全部通るとは思っていません。ただ、「主人公」たる少女の母親（たいていは「エキストラ」にいる）との関係で、アクションを起こさないと収まらない、という状況に追い込まれています。ママ友やご近所、地域活動などがきっかけで集団抗議となる場合もあります。

ゆえに通常は、**「役所がきちんと謝る」ことで、決着する**ことが通例です。この落とし所は、同席をお願いした上司はよくわかっていますので、適度な頃合いをみて、最後は隣の上司が、「お詫び」で決着してくれます。

冷静に考えれば、試験の日に余裕をもって出発しなかった「主人公」たる少女にも非があるはず。ここをうやむやにして雰囲気に呑まれると、際限なく要求に応え続けることになってしまいます。上司と共に筋の通った謝罪をすれば、大事《おおごと》になったことでバツの悪そうな少女も、何が大切なことなのか、きっと気づいてくれるはずです。

3

「この解釈はおかしいですよね」

論理住民

〜た…たしかに！となったら「臨機応変」〜

予期せぬツッコミ

新たな事業や制度をはじめるときに、住民説明はつきもの。大勢の前で、あるいは窓口で、一対多で住民に向きあい、資料片手に説明します。

説明する職員は、内容を熟知している（はず）なので、淀みなく説明しますが、突然「ちょっといいですか？」と遮る声が。訝しげに声の方角をみると、クールで理知的な住民が、説明者を見つめています。走る緊張感――。

職員が努めて冷静に「なんでしょうか？」と尋ねると、「先ほどの説明、○○が○○ということでしたが、○○が○○ならば○○は○○ということになり、おかしくないですか」と論理的な回答が。

理知的なツッコミを想定していなかった説明者は、動揺しながら「はい、そうですね……」とフリーズ。説明会の雰囲気は、役所側にとって不利な形勢に……。

机上の正論

論理住民（企業や役所ＯＢが多い）は、資料の読解力や問題意識が高い人が多く、説明会といえどもＢｔｏＢ（企業対企業のようなシリアスさ）で攻めていきます。最初から役所の言い分を鵜のみにする気はなく、自分なりに考えて、言うべきことを言ってきます。

対する役所も、説明会前にはしっかり準備し、自信をもって説明会に臨むわけですが、**この自信こそが、説明会で論理住民に虚を突かれる原因**。役所の過信は、机上の論理に支えられているので、客観的な立場から発言する住民の方が、理にかなっていることが多々あります。

これを忘れて説明会に臨むと、足元どころか会全体の流れを持っていかれてしまい、せっかくの新規施策も、ケチがついてしまいます。

アツさは厳禁

最悪のパターンは、論理住民に対して感情的に切り返すこと。

冷静さを欠いては、ディスカッションが得意な住民にはかないませんし、他の住民の印象も悪くなります。論理的な返しは、一旦受け入れることが肝要です。

「たしかに、そうですね」と言って、まずは心の中で深呼吸。その間に、論理住民の発言を反芻。短時間で判断できない場合は、「**一旦、持ち帰らせていただきます**」と引き取ること。

すぐに回答が浮かばないことを、説明会の場で議論してしまうと、ロクなことはありません。他の住民の前で論破されては、新規施策の信頼性を損ないますし、結果的に論理住民を論破したとしても、公共の面前で住民に恥をかかせるようなことは禍根を残します。自分が即答できない回答は、一旦潔く引き取り、あとから個別に（またはホームページ等の公開ＦＡＱにて）説明する方法を取りましょう。

論理住民の前で、無理は禁物。一旦引く勇気をもって、職場で冷静に振り返れば、それは想定内の意見と気づくこともありますし、想定外ならば、貴重な意見として、施策に反映すればよいのです。

論理住民には張りあうのではなく、**貴重なアドバイザーとして受け入れる心の広さ**も、時には必要です。

4

ご指名入ったら素直に喜ぼう！

常連住民

～「つかず離れず」の関係づくり～

ご指名、入ります

「○○さん、いる？」

聞きなれた声に、ため息がもれます。今日もやってきた、常連住民さんです。

市民課や福祉課の窓口の場合、一過性の申請が多いため、対応する住民も一見さんが多いのですが、事業系や企画系など行政全般の相談窓口には、何度も足を運ばれるうちに「常連化」してしまう方がいます。許認可の場合は、あの手この手での相談にやってくるので、少々神経をつかいますが、企画系などは、「こんなこと考えたんだけど」という、ふんわりとしたまちづくり提案などが持ち込まれます。

いずれも自分の時間が取られるため、立て込んでくると、気分が萎えてきます。

指名の功罪

常連化するということは、あなたの対応もまずくはないということ。そこは自信をもっていいです。ただ、常連さんとの距離が近くなりすぎると、雑談をするだけに訪れるようになったり、相談業務の場合、解決できなかったときには、「裏切られた！」と、相手を激昂させるリスクもあります。

常連さんは、悪意なく、コミュニケーションの一環で窓口を訪れます。忙しいときの常連さん対応はゲンナリする反面、時にはコーヒーブレイクのように、横道にそれた会話を進めるうちに、テンパっていた自分の頭がスッキリすることもあります。

ここでの理想は、テレビドラマでよくある、「**小料理屋の女将と常連客**」のような、つかず離れずの関係です。

カウンターの女将に学べ

ヤリ手の女将の接客は、一人のお客に時間を取りすぎません。

これに倣って、親しくなった常連さんには、「今日は会議があるので20分だけ」、と最初に宣言。本来ならば、事前のアポどりが基本ですが、(それはそれで断れないから面倒ですが)、常連さんは、「農協に寄ったついでに来た」とか「老人会の会

議の後に寄った」とか、なんかのついでに訪れます。応じるあなたも、**「自分は予約不可のお店の女将」と割り切って**、カウンター越しにササっと対応。

話題が事業系ならば、裏事情は明かさずに正論でアドバイス、企画系の「夢語り系」には、「すごいですね」「面白いですね」と口角上げつつひたすら相槌。

どちらの場合も、**肝心なのはアフターサービス**。

訪問のお礼とともに「今日のお話、○○課にも共有しておきますね」と、伝えること。案件次第ですが、関係課には、電話で軽く「○○さんがこんなこと言っていたから、一応伝えるね」と連絡しておきましょう。

他課に伝えることであなたの責任も軽くなりますし、常連さんも、万一他の課を訪れたときに「○○聞いてる？」と尋ねても、他課の職員は「聞いてます」と答えてくれれば、満足度もアップします。内容よりも、複数の課に共有され、一応検討されている、という事実が大切。このことが相手に伝われば、対応もスムーズです。

「お客様は神様」とまでは言いすぎですが、常連さんとのおつきあいから学ぶことも、案外多いのです。

5

「公務員のくせに」すみません。

オフなのに住民

～税金で暮らす肩身の幅は「普通」でOK～

瞬間、酔いが醒める

仕事が終わった金曜日。晴れやかな気持ちで、居酒屋で飲んでいると、離れたところに見知った顔が。そう、課に出入りのある、業者さんです。

仕事中はにこやかで、いつもキビキビと仕事をしてくれる彼。今日も楽しそうに、職場の後輩と思しき方々と飲んでいます。ふと目が合って、軽く会釈。トイレに行くついでに、業者さんの近くを通りかかると、「役所の分際で、税金で飲んでんじゃねぇよ」と罵声が。

声の主は、いつもの業者さん。赤ら顔で、顔は笑っているものの、目の奥には暗い光が。ほろ酔い気分は一気に吹っ飛び、楽しい宴も台無しです。

税金、嫌い

言われなくとも、公務員のお給料は税金です。だからといって、その使い方を住民に説明することは求められていません。仕事の予算は、議会承認や監査を受けますが、個人の報酬は別。会社員の場合も、会社の収支は株主総会で報告されますが、個人の給料は自由に使っていいはず。なので、公務員が給料の範囲内で何を買っても、何を食べても、本来はとやかく言われる筋はありません。

ただ、外から見ると「納税は国民の義務」とはいえ、給料から天引されたり、売上から持っていかれる**「税金」は面白くない**。公務員が給与明細を見て「税金、結構引かれてるな」と思うのとはわけがちがいます。

引かれたお金が自分に戻るのか、他人に移るのかの違いは大きく、目の前に公務員がいると、引かれた税金が具現化するようで、つい、不満をぶつけたくなります。

エクスキューズミーorアイムソーリー

キチンと働いていれば、報酬をもらうのは当然。身の丈に合った暮らしをしていれば大丈夫です。ただ、こじゃれたお店に行ったり、高い買い物をすると、後ろめたくなるのも公務員の性。ましてや、顔見知りに見られてバツが悪いのは、健全な公務員の証といえます。この罪悪感はＤＮＡとして、職員に染みついているので、やり過ごす術を身につけるしかない。

居酒屋の例でいえば、業者さんに「アナタが飲んでる酒だって、役所が発注したおかげでしょう」と開き直ったり、「申し訳ありません、皆様の税金で……」と**土下座したりするのもダメ**。「今日はプライベートなんで」と、**芸能人気取りもアウト**。

理想の対応は、相手が顔見知りなら「すいません、たまにはいいじゃないですか～」と**曖昧な笑顔で立ち去る**。全くの他人に絡まれたら、「すいません、失礼します」と**微妙な顔でその場から退散**。

ポイントは、会話の冒頭に「すいません」を入れて、すぐに立ち去ること。「すいません」は英語の「アイムソーリー」よりも、「エクスキューズミー」に近く、お詫びではなくご挨拶の体で。人混みのなかを「エクスキューズミー」と言って、通り抜けるぐらいの感覚です。

常に公務員が憎いと思っている人は稀ですが、何かの拍子に怒りたくなるのは人類共通のＤＮＡ。割り切って、大らかにやり過ごしましょう。

からまれたくない！

同窓会とか、「参加する？」

入庁して数年経つと、同窓会など、旧友とのおつきあいが微妙になることもあります。普段からつきあいのある友人や、官公庁勤務の相手ならよいのですが、久々に会う同級生が、会社でバリバリ勤める人だったり、普段の仕事で関係のある業界の人だったりすると、参加をためらいがちです。

明らかに利害関係のある相手はともかくとして、一般的な同窓会や旧友との再会にも参加しないと、社会性がゼロになってしまいます。また「公務員ですから」を理由に、ＰＴＡや地域活動を断ったら、それこそ非難の的です。ですので、倫理上、参加することが微妙な会合は、人事課などに相談して判断を仰ぐことにして、同窓会や地域活動など、外部との接点は、**できるだけ参加することをオススメ**します。

まぁ、参加したら参加したで、口の悪い旧友たちから「本当に5時に帰れるの？」とか「今日の参加費は税金？」など、キツイ質問を浴びせられ、ウンザリすることもあるわけですが。

どうせ批判されるなら、いっそ、**外飲みでは「夢語り」に徹するのもアリ**です。もちろん、「守秘義務」はあるので、業務の詳細は語りすぎず、「いつかやりたい仕事」をアツく語る。外部の方々の反応やコメントは、いろいろと勉強になるはずです。

仕事を離れたところでの異業種との接点は、自分の幅を広げてくれます。世間ズレした公務員にならないためにも、節度を守ったおつきあいで、気張らず知見を広げていきましょう。

第4章

お役所組織に疲れたとき

役所由来の「職《ショク》あたり」は慣れることから

第3章までは上司や部下、住民など、人間関係に由来する「ヒトあたり」を取り上げました。この「ヒトあたり」と双璧をなし、より厄介な疲れの原因となるのが、「仕事疲れ」、いわゆる「**職（ショク）あたり**」です。

役所は、事務系から技術系、消防系や保育系など、様々な職種と組織から構成されます。単に「文系」と「理系」で括れるほど単純な違いではなく、同じ事務職でも、教育委員会や水道局は、形の上では「派遣」となり、辞令も2枚。議会事務局は、他部局を「執行部」と呼ぶなど、所属によって立ち位置が変わります。

この立ち位置の違いが、「縄張り意識」を生み出し、最終的に、「縦割り組織」と

いう、**典型的なお役所構造を構築**。仕事を振れば、「それ、別の課の仕事でしょ？」「忙しいから無理」など、他課からの相談ごとは原則拒否。住民がたらい回しされるのと同じように、仕事のたらいは回り続け、めまいで吐きそうになります。

とはいえ、仕事を片付け、飲みに行けば、みな「同じ役所」の職員、職場の愚痴をぶちまける姿は同じです。ただ、異動経験が少ない若手ほど、隣の職場が良く見えたり、日々の業務を通じて苦手な課ができたりと、見える世界が狭い分、不満を掘り下げすぎて疲れる傾向があります。組織は簡単には変わりません。ただ、変わらないということは、**パターンをつかみやすく、簡単に慣れることができる**ということ。慣れればずいぶんと楽になります。

困ったときは、庁内相関を俯瞰すれば、視界は良好。仕事も心もスッキリします。

1

庶務課・人事課・財政課・会計課

役所の家族

～手堅くマジメ、実は職員の味方～

ショムニの弊害

企業にも役所にも、内部業務を取り仕切る「総務系」の部署があります。ドラマ「ショムニ」の影響か、雑務担当と思われがち。実際は、総務部門がしっかりしていないと、組織がグダグダになってしまうほど、大切なポジション。情報公開請求や職員の不祥事の矢面に立って、職員を守り、役所の品質を担保する彼らは、役所ファミリーを見守る「大人」であり、外部からの批判などを最低限にとどめる「防人」ともいえます。わかりやすく説明するために、役所を支える家族ともいえる総務系を、批判を覚悟で、「典型的な『昭和』の家族」にたとえてみます。

・なんでもよく知っていて、口うるさい **「お爺さん」→「庶務課」**
・家族を見守り、叱ったりほめたりする **「お婆さん」→「人事課」**
・財布を握り、お金の使い方を考える **「お父さん」→「財政課」**
・財布を預かり、きっちり使う **「お母さん」→「会計課」**

家族の肖像

総務一家の「**お爺さん**」は、とにかく頑固、曲がったことが大嫌い。家族旅行の際も、予定と違うルートを通れば「元の道にもどれ！」と叱りつけるし、旧友からのお手紙も、言葉遣いが悪ければ、速攻返信で説教。

庶務課もお爺さんと同じ。出張は指定ルート、公文書も正しい文言でないと激怒します。本来は寡黙でいい人なので、ルールを守って怒らせないようにしましょう。

逆に「**お婆さん**」はいつも笑顔で、人をじっくり観察します。誰かが良いことをすれば優しくほめてお小遣い。健康状態から恋愛遍歴まで本当によーくご存じです。

役所の**人事課**も、職員の仕事の成果や人間関係を見て異動を発令、時には、懲戒処分で厳しく叱るのはお婆さんと同じ。お婆さんの視線ばかり気にしても疲れるのと同じで、人事課とも適度な距離感を保ちながら、自然体でおつきあいしましょう。

「**お父さん**」は、家族が稼いだお金の使い方を、皆で相談しながら決めますが、無駄遣いをすると、厳しく叱ります。これは役所の予算を一手に担う**財政課**と全く同じ。いちいちお金の使い方を相談するのも癪ですが、財布を握る相手を信頼して、欲しいものがあれば、しっかり説明して理解を得ましょう。

「**お母さん**」は、（古い表現ですが）総務一家に嫁入りしてきたとすれば、血縁が薄い分、冷静で客観的です。役所の**会計課**も同じ。「会計管理者」のもとに、役所の組織からは距離を置きつつ、冷静にお金の使い方に目を光らせ、会計書類をチェックします。ヘソクリとか考えずに、正々堂々お金を使いましょう。

コドモとオトナ

総務系が手厳しいのは、愛情の裏返し。

若手職員は、役所のなかでは、まだまだ「子ども」。総務系ファミリーをはじめ、家族（他の部署）の愛情で守られています。叱られるのは当たり前、と割り切って、少しでも早く、言われなくてもできる「オトナ職員」を目指しましょう。

2

企画課・都市計画課・福祉企画課

役所の頭脳

～夢見がちでおせっかい、誇り高き中枢～

役所版「PDCAサイクル」

どこの世界も、仕事はP（計画）D（実行）C（評価）A（改善）で回すことが基本。ところが役所は、PとDばかりで、CとAがない。特に、PとDの乖離は顕著で、計画部門はつくりっぱなし、実行部門は計画無視でやり散らかし、ともいわれます。

一般に、市政全般の計画は、「総合計画」を企画課が中心となってつくり、そこにぶら下がる各種事業計画を、各部局の企画・計画部門が策定します。ゆえに、企画系の部署は、「**頭脳**」の役割を担い、庁内でも「優秀な人たち」と目されます。

上目線にツッコミ

確かに企画部門は、国の動向や、庁内の全体像を把握しており、視野は広い。が、**視野の広さと目線の高さは別**。ついつい上から目線で他課と接して、「気取りやがって」と敬遠されがち。

おまけに、専門用語も好んで使うため、「スキーム」や「アウトプット」とか言われると、現場系の課からすれば「欧米か」と古いツッコミを入れたくなります。

なぜ、企画課は高い目線で英語を使うようになってしまうのでしょうか。

企業であれば、計画と、その進捗が利益に直結するので、マーケティングや商品開発、販売計画を練ったうえで、現場（営業）がしっかり販売します。

一方、役所では「税収」や「施策の効果」が、計画とセットで語られることは稀。

もちろん、総合計画の進捗如何では、財政破綻や、人口減での都市消滅のリスクもあるのに、それはずいぶんと先の話と油断しています。

こうして、現場に近い「実行部門」が幅を利かせ、本来道筋を示し、進捗を確認すべき企画部門が孤立。結果、**「どうせみんなわかってくれない」と開き直り**。目線が上すぎて、自身も〝霞が関化〟してしまい、省庁が好んで使う横文字をそのまま転用することになります。

逆転の親子

お互いが歩み寄る秘訣は、**企画課は目線を下げて現場に近づき、対する現場（他課）は「母性」で企画課を懐に抱く**。甘えん坊と優しい親のような関係が理想です。

こう思うと、企画課が横文字大好きなことや、やたらと親切に仕事の助言をしてくれるところも、子どもが覚えたての言葉を使ってがんばっているようで、優しい目線で受けとめることができます。

そう、企画部門は、**上から目線のリーダーではなく、まちの未来を担う子ども。**

この逆転の発想でおつきあいすれば、それは親子のような親密さで、ＰＤＣＡがうまく回るかもしれません。

現場を担う各課は目線を高くして、全庁的に足りないものを補いあう意識が必要です。

まちの未来は、意地の張りあいよりも、わかりあうことにかかっています。

夢を語る子どもを叱ってはいけません。現場を預かる親が、夢を受けとめ、実現に向けたお手伝いをすることも、役所という「家族」と、まちの「未来」には必要なことです。

3

生活福祉課・高齢福祉課・障がい福祉課

役所の良心

～弱きを助ける自負と激務、超市民目線～

語りつくせぬ大変な日々

庁内でも最も過酷といわれるのが、福祉部局。窓口で様々な相談や手続きを行い、外出する際には支援対象のお宅を訪問、机上での申請書類確認や記録作成、週末は各種イベントでの啓発事業など、息も気も抜けない毎日が続きます。

通年で残業も多く、窓口でのトラブルも多い。傍から見る限り、大変にしか見えず、自分が異動で配属されたらどうしよう……と不安な気持ちが頭をもたげます。

時にはつまずき、時には偏り

一般に福祉部局は、高齢の方、障がいのある方や、生活保護や生活相談など、何らかの支援を必要とする方と直接向きあう部署です。

名は体を表す、というとおり、課名どおりの方々を支援しているわけですが、どの課も対人コミュニケーションはシビアで、国の制度改正のたびに業務内容が変わる、という難しさを抱えています。

対人コミュニケーションでいえば、要支援の方々と向きあうため、**目線はどんどん住民寄り**に。ゆえに、庁内の他の部署、特に、商業や観光などの目立つ部門に対しては「**そんなところにお金を使うなら、困っている人に予算を回すべき**」という不満を抱きがち。また、福祉部門を経験したことがない職員に対して、「**現場を知らない人たち**」という冷めた視線を送ります。

制度改正への対応では、通常業務に改正業務がオンされるので、担当者の心労と残業は増える一方。

このため、他課からの作業依頼（企画部門の事業進捗確認など）が届くと、速攻で抗議したり、あえて無視したりと、庁内レジスタンス活動を展開します。

固い絆に思いを乗せて

こうして福祉部門は、庁内の他課とは微妙な関係でありながら、部門内では「苦労を共にする仲間」として、鉄の結束を誇ります。そこには、困っている住民を支援しているという自負と正義感があり、さらには、つらい業務を仲間と続けているうちに、集団的ランナーズハイにハマっている可能性もあります。

また、福祉部門を経験した人ほど、異動後も「いずれはまた福祉部門に戻りたい」という人が多く、傍目での印象とは裏腹に、業務経験者が仕事にやりがいと満足感をもっているのも特徴です。

目的と手段が最も明確な部局であり、窓口でもイベントでも、そこはブレない。

ややもすれば視野が狭くなりがちですが、「**ふつうにくらせるしゃかい**」を願う気持ちはどこよりも強い。

この信念は、庁内他課からみれば、「堅くて融通が利かない」と言われたりしますが、庁外の住民からは「**頼りになる公務員**」と絶大な信頼を誇ります。

こんなわけで、福祉部局に仕事を依頼する際は、住民と接するときと同じように丁寧に、**まずは相手方の現状を聞いたうえで、必要最低限の仕事をお願いする**よう心がけましょう。

4

住民課・住民税課・資産税課・納税課

住民の接点

～役所イメージ代弁者、実生活で役立つ実務～

住民最前線

一住民として、住んでいるまちの役所に出向くと、たいていイライラします。待ち時間が長い、言葉遣いが悪い、説明がわかりづらい……。そして最後は、「私なら、もっとうまくやれる」。そう思い、自分の仕事に戻ってみても、来訪者からは「どんだけ待たせるんだよ」とさっそくお叱り。

このブーメラン、役所ではよくある話ですが、窓口課は、対来訪者の最前線。そこでの印象が、**「＝その役所の印象」**としてとらえられてしまいます。

窓口課は、福祉・育児系の対象者限定の窓口と、登録・証明や税関係のような全方位窓口に大別されます。特に全方位系は、冠婚葬祭や引越しなど住民の人生に向きあい、個人の懐事情から税額を確定したりするので、**厳しい目にさらされます**。

一方で、住民系は、庶務課や企画課のように、役所内部のゴタゴタに巻き込まれることは稀です。役所のルール、縦割組織、人間関係に翻弄される総務・企画系に比べ、住民系業務は、法律や手続きに基づいて、正確に業務を遂行することがミッション。接遇スキルや、窓口の応対など、**住民目線での仕事に力を注げます。**

役立つスキル

それに、税業務ならば、素人には理解不能ともいえる各種税控除や、固定資産税の計算方法など、実生活に役立つことばかり。企画系が得意とする「机の上の戦争」とちがい、暮らしに役立つ住民系は、配属されただけで「お得」です。

ただ、この「お得感」だけを狙って住民系職場に配属されると、イタイ目にあいます。暮らしの知識はすぐに身についても、延々と続く膨大な税務処理、毎日毎日大勢の「他人」と向きあい、時々小言を言われるストレス……。顔見知りの職員と和気藹々と泥仕合をしている総務企画系や、出張やイベントで盛り上がっている事業系の職員が羨ましく見えて仕方ない日々……。どの課がお得か、誰トクか。「隣の芝生は青い」の言葉どおり、どの部署に行っても、正解はありません。

青い芝生

あるとすれば、窓口課系は、**暮らしに役立つことに加えて、「役所の顔」として誇りとスキルが身につく**、というメリットがあります。

窓口に出て、住民から見られることに自覚的になればなるほど、ファッションや髪型、言葉遣いにも気を使うようになるので、自分磨きにはもってこい。

窓口で自分を磨き、実務で暮らしに役立つノウハウを得る。

さらに、時期によっては残業も少ない部署なので、終業後の豊富な時間を、将来に向けての「自分磨き」期間と割り切って、習いごとや資格取得、スポーツジムなどに力を注ぎ、自分を磨きに磨いていきましょう。

ここで住民と向きあった経験があれば、その後どの部署に異動したとしても、客観的に住民目線でとらえることができますし、磨いた自分は、どこに行っても恥ずかしくないスキルと振る舞いが身についているはずです。

5

秘書課・議会事務局

民意の秘書官

～市長を支え、議員を支え、黒子に徹し～

連携と緊張

地方自治は、市長と議会の二つの連携・牽制で成り立っています。

国会の与党代表が首相になる国政と違い、首長も議員も選挙で選ばれる地方行政は、時に首長と議会が対立し、不信任と解散が繰り返される泥沼も起こり得ます。

一般に地方公務員は、首長のもとで、施策立案や予算執行を行いますが、どれも議会の承認が必須。あらゆる局面で、議会への根回しが必要となるのは、このためです。

尽くして尽くして

議会事務局は、議会対応から日々の連絡調整、行政視察の段取りまで、**議会に関するアレコレ**を引き受けます。

個性豊かな議員の相手をするので、腰が低くて臨機応変な対応が必要。役所によっては、まるで付き人ぐらいの低姿勢で議員に接しますが、パワハラ・セクハラが厳しくなってきた昨今、フルタイムで接待モード、という雰囲気は薄れました。

議員の背後には多くの有権者がいるわけで、**議員の得票数分だけの住民の相手をしている**、という自覚も求められます。

一方**秘書課**は、主に**首長のサポートがメイン業務**。スケジュール調整は当然のこと、交際費から各種の情報管理など、機密保持と気配りが求められます。

特に、日々殺到する市長面会について、優先度を勘案しながらさばくのは至難のワザ。緊急事態が発生すれば、関係部局との対応協議を迅速に手配し、記者会見の準備をするなど、オモテもウラも息つく間もなく業務をこなします。

唯一の特権は、有名人の市長表敬への立ちあい。地元のスポーツ選手や、芸能人親善大使が訪れる際には、応接室への誘導から記念写真撮影まで、日々のルーチンワークが一気に花形業務に早変わり。とはいえ、日々トップの間近で働くのは、それなりに神経をすり減らす毎日です。

ビビるな、こえてゆけ

事務局も秘書課も、淡々と業務をこなしていても、**「雲上人」のように見られがち**です。他課から見ればトップや有権者に通じるフィルターゆえ、過度にビビられることもあれば、時には、「偉そうにしている」という誤解を受けることも。

これは、事務局・秘書課職員の高度な接遇スキルが、他人行儀に聞こえてしまう故の誤解ですが、経験の浅い若手職員ほど、事務局・秘書課を恐れがち。

単なるアポ入れならば、丁寧にお願いすれば大丈夫ですし、ここでの印象が、首長や議員に伝わることなどありません。

事務局も秘書課も、たとえるなら「総選挙で選ばれた個性豊かなメンバーを束ねるタレント事務所」みたいなもの。まずは興味本位からはじめて、**自然体で臨めばＯＫ**です。

もちろん、タメ語はＮＧ。最低限の敬語で、**「お忙しいところ申し訳ありません」**と切り出し（ここがポイント！）、**「日時・目的・依頼内容」**を簡潔に伝えれば、先方もチャキチャキと対応してくれます。

ビビらずクドクドしゃべらない、これが「雲上人」とお近づきになる第一歩です。

6

商業振興課・産業振興課・農業振興課

地域のエンジン

～イケイケで攻める、地域振興の要～

儲けていいの？

役所は儲けてはいけない、わけではありません。

税収は市政運営の生命線。いかに多くの税収源を確保するかは、役所の腕の見せ所。定住人口を増やして住民税アップを狙うのは当然ですが、地域の産業を興して税収を増やすのも、ダイナミックでやりがいのある仕事です。

商業、工業、農業と「業」の振興を担う部署は、各業種との接点の強さが特徴。不特定多数の住民と向きあう部署とは異なり、「名刺」ありきの仕事です。

このため、業界人と対等であるべし、と思いがちですが、その道のプロにかなうわけがない。膨大な知識を詰め込んで張りあったり、上から目線でコンサルしたりと、勘違い行動に走るのはNG。役所にできることは、**業界の底上げに向けて要望を聞き、必要なお手伝いをする**こと。**コンサルよりもサポーターであるべし**、です。

業種別攻略法

たとえば、商業系は、商店街の有力者など、声の大きい曲者が多いので、**できるだけお店に足を運んで話**をする。工業系は、こだわり系でコミュニケーション能力にばらつきがあるので、**まずは話をしっかり聞く**。

農業系は、牧歌的で大らかなので、親子・友達感覚で**フラットに現場に出向く**。

すべてに共通するのは、**若手であることを全面に押し出して、相手の懐に飛び込み、かわいがってもらう**こと。先方から、「この子を自社で雇いたい」と思ってもらえれば大成功。常にハキハキと、スピーディにレスをしましょう。

相手は役所に知識を求めていません。本当に必要ならば、キチンと専門コンサルに外注します。業界が役所に求めるのは、今困っていること、将来困りそうなことに、寄り添ってくれること、です。

具体的には、業界全体のメリットになることを役所と一緒に考え、必要な支援措置をつくったり、活動しやすいルールや制度をつくり上げたりすることを期待しています。すぐに結果が出なくても、一緒に考えてくれるという**「安心感」**と**「信頼感」がポイント**です。

やる気、元気、よろこんで

パートナーからの相談は、「はい、よろこんで」。居酒屋ばりの元気のよさで、一旦オーダーを受けてみる。ここで「品切れです」とか「店長に相談します」とグズグズ言わない。一旦「yes」で受けてから、考える。

たとえば企業立地の相談の場合、企業からの相談を受ける担当課の反応が悪ければ、企業はすぐに別の役所に電話します。大切なのは、前向きさとスピード感で、好機を逃がさないこと。でき具合は二の次で、とにかく勢いとやる気を示すことが、切った張ったで日々がんばっている「業」のプロに報いる唯一の手段です。

初動で好印象ならば、あとは熟練した業界の方々が、若いあなたをしっかりと引っ張ってくれるから大丈夫、大船に向かって、勢いよく乗り込みましょう。

いろんな「業」を元気にして、地域に税収を呼び込み、そのお金で市民の喜ぶ施策を打つ。このサイクルの要となるのは、振興課の元気とやる気にかかっています。

役所のエンジンとして、グイグイとリードしていきましょう。

7

地域支所・地域活動支援課

社会の窓

～コミュニティに寄り添い、現場で流す汗～

窓の種類

役所にはいろんな窓があります。

広く薄い窓となる市民系、リアルな支援を行う福祉系、共に汗をかく事業系、距離を保ちつつ監督する技術系など、相手は市民・事業者など様々ですが、とりわけ、個人とのつきあいをベースに、コミュニティという集合体を相手にする地域支援系の職場は、まさに地域に開かれた「社会の窓」です。

一口に地域活動といっても、子ども会から消防団、老人クラブまで多種多彩です。

「町内会や自治会」は、まさに地域活動のエンジン。行政ではカバーしきれない「住民サービス」を、住民自らの力で進めています。

対する役所は、地域系の部署が支援するのですが、この「支援」という言葉が、往々にして誤解を招きます。

課題だらけの窓

自治の自負がある地域からすれば、上から目線の役所は鼻持ちならない。しかも、ことあるごとに文書を送りつけてきて、回覧板での周知を依頼。下請けのような関係に、自治会長の不満はたまります。

役所も自治会も、かつては決まったことをやるだけでしたが、今は自主性が命。山間地では、人口流出は死活問題ですし、都市部でも、いわゆるオールドニュータウンのように高齢化団地は問題化。さらに地方創生の大義のもとに、地域おこしを担う前向きなＮＰＯもいれば、地域に取り入って儲けようとするコンサルもいる。

まさに地域コミュニティはカオスであり、この矢面に立つ地域系職場は、**地域の**

課題を見極め、適切な行動をとる「目利き」としての力も問われます。

窓の開け方

目利きとして必要なのは、**地域の「重鎮」を見極める**こと。すべての住民の声を聴くのは無理でも、地域のボスを押さえれば、十二分に渡りあえます。

ジブリ映画でいえば、オッコトヌシや湯婆婆《ゆばーば》。個性派住民の中から、まずはボスを見つけ、お近づきになること。

ボスは最初は不愛想で「役所ごときが」と、上目線で威嚇してきますが、これはボス特有の圧迫面接。彼らは上辺ではなく、腹を割って話せる相手を求めています。

浮ついたNPOやチャラいコンサルは大嫌い。最初は怖くても、何度も足を運ぶこと。**地域の定例会議だけでなく、会議前の「根回し」として、事前にボスだけに相談すれば**、その特別待遇にボスの心は動き、力になってくれます。

地域活動は、自発的な住民の力がないと成り立ちません。小さな政府とか新しい公共とか、そんな言葉尻だけでなく、**地域社会は是是非非の現場主義。そこに飛び込むのは、若気の至りぐらいがちょうどよい。**地域のボスに、勢いで当たっていけば、コミュニケーション力は磨かれます。

地域おこしは、言葉ではなく行動がキモ。ボスの側近として身につくコミュ力は、今後の役所人生のみらず、実生活の財産にもなります。地域のお孫さんとして、愛されるキャラを目指しましょう。

8

広報課・観光課

まちの外交官

～魅力を発信、来訪者をおもてなし～

目立つように、つくる

大ブームの「インバウンド」。簡単に言えば「外国人が訪れてくる旅行」、訪日観光のことです。全国の自治体では、観光に力を入れていますが、街の魅力は、外国人だけでなく、まずはその土地のネイティブ住民にも知ってほしいものです。

観光によらず、広く行政の取組は、記者発表や広報紙を通じて周知されます。発表内容を〆切までに受けつけ、文言確認や校正、記者との友好関係づくりを行うのは広報課の仕事。限られた紙面上に大きな記事を載せるために、担当課とは、発表のタイミングや内容を入念に打ちあわせします。

ある意味、市民としての目も必要で、庁内のあらゆる業務に目を配らせ、時には不都合な情報の公開まで、リスク管理も含めて調整し、取組を伝え、そのイメージアップに努めます。

お客様、いらっしゃい

まちの魅力を的確に伝えるのが広報課ならば、魅力あるコンテンツをつくるのが観光課。一口に魅力といっても、子育て支援から公共交通の利便性まで、魅力の指標はたくさんありますが、観光は一番わかりやすいコンテンツ。

有名な観光スポットは、**住民の「アイコン」**として「誇り」を生み出し、来訪者にとっては**「行きたくなるところ」**となり、役所からすればまちの認知度を上げる**「広告塔」**になる。まさに、「三方よし」ゆえに、役所としては、外部コンサルタントに委託してでも観光地の発掘と誘客策、ポスターづくりに励みたくなります。

発信する広報課と、つくり出す観光課。両課の職員は、外に目を向けて仕事をするので、他課と比べると開放的な雰囲気はあります。ただどちらも、**外に目を向けすぎるので、庁内の職員の反応の鈍さにストレスがたまっていく**傾向にあります。

対する他課の職員も、たとえば記者発表資料を大幅修正してくる広報課や、観光コンテンツで使う写真に注文をつけてくる観光課にもイライラが募ります。

生き残るために

まちの魅力を発信する以前に、内輪モメが続き、発信する際には玉虫色のグダグダコンテンツ、ということはよくあることです。どちらの言い分も、よくわかります。**他課からすれば、観光系のような横断コンテンツは、余分な事業といえなくもない。**役所の仕事は、決まった器のなかで動かすことが良しとされがちです。

一方で、人口減少や税制改革などで財源が減る自治体にとって、定住と観光は、生き残りのための生命線。**閉じるよりも開き、他都市との差別化が必要**です。

広報・観光はまちの活性化と知名度アップの切り札となりうるもの。すべては宣伝広告と割り切って、まずは庁内の認識合わせ・意識改革を促す流れにのっかりつつ、前向きに視野を広げ、まちの魅力を世界へと発信していく。この好循環の醍醐味を味わっていきましょう。

9

子育て支援課・男女共同参画課・教育委員会

未来の担い手

~課題は山積、子育てママパパの応援団~

日本の未来と家庭の現状

少子高齢化・待機児童……。子どもや子育ては政府の重要課題。実際は、育児真っ盛りのママパパからすれば、日本の将来よりも目先の育児で手一杯、というのが正直なところです。

一方で、ママパパと日々向きあう子ども関連の部署を見渡すと、若手職員の比率が高く、遊びたい盛りの独身職員の宝庫。切羽詰まったママパパと、羽が伸び伸びの若手職員、このミスマッチが、炎上を引き起こすと思われますが……。

不満の矛先

子ども関連部署は、保育や児童福祉を担う子育て支援系、義務教育を支える学校教育系、ママパパのライフスタイルを支援する共同参画系に大別されます。しばしば待機児童を巡る役所の対応が叩かれますが、社会の関心が高い課題ほど、対応を誤ると手厳しく叩かれます。

ただ、矛先は、**窓口の対応というより、政策や組織全般**（保育園が増えない、いじめへの対応が悪い、など）に向かいます。個人よりも、社会問題として役所全体が批判される点では、通常の窓口部署とは、少々事情が異なります。

とはいえ、子ども関連部署の職員が、安穏としているわけではありません。

日々切迫した相談を受ける育児支援窓口の独身職員は、重たい話の聞きすぎで結婚願望は薄れることもありますし、いじめ問題に対応すれば、実態を知れば知るほど、やり場のない哀しみや怒りに震えてきます。男女共同参画部署でも、世間に啓発する以前に、旧態依然としたパワハラ・セクハラ上司にうんざりすることもあるわけで……。

若さの特権

若くして子ども関連部署に配属されると、結婚や子育てにネガティブなイメージをもってしまうことが多々あります。また、自身の実体験がないため、窓口のママパパからも、「この若造に何がわかる！」と疎んじられているような後ろめたさもあります。

心配することはありません。

まず、経験不足については、**ママパパはあなたに経験を求めていません**。必要な支援が受けられればよいですし、もっといえば、解決よりも、愚痴を聞いてくれる相手を求めている、ということもあります。そういう点では、経験豊富な職員に上から目線でアドバイスをもらうよりは、初初しい若手に、テキパキ対応してもらった方がスッキリする人もいます。

また窓口対応を通じて、早めにいろんな現実を知っておくことは、自分の人生設計に役立ちます。いろんなママパパの出来事に触れながら自分ならどうするかを考える。この経験は、単に自分の人生設計だけではなく、**公務員として、組織として、どのような施策を打てば、課題が解決できるのかを考えるトレーニングに**なります。

経験がない分、フラットに考えられる強味があるし、明るい未来を描けるチャンスがある。そう思って、目の前にいるママパパに向き合ってみましょう。

あなたの自然体は、毎日の育児に追われるママパパへの癒しになります。

10

消防本部・防災対策課・交通安全課

安全の司令塔

～有事に備え、何にもないことが幸せ～

ホメられ公務員

とかく批判されがちな公務員にあって、消防や防災、安全系の職場は、珍しく**住民からの信頼が厚い部署**です。

消防本部は消防士がメインですが、一般職も消防本部の庶務課等に配属されますし、市の防災部局に消防士が席を構えることも。また交通安全や防犯系の職場には、所轄警察署から派遣職員も在籍し、オールスター体制で住民の安全・安心を守ります。

消防・防災系の場合、緊急通報や各種警報への対応に加えて、日々の仕事は、「備え」が中心。消防系は、防火設備点検などの査察を行い、防災系は、災害時に備えてインフラ整備や住民への啓発を行います。万が一、災害が起きれば、システマチックに全職員に招集がかかるため、防災系職員は、司令塔として情報収集や関係機関との調整に従事します。

住民からすれば、避難所に詰める一般職員も「頼もしい公務員」に映りますが、実際は、本部に詰めて、相当な緊迫感のなかで取り回している防災系職員がいるからこそ、「避難所対策班」が力を発揮できるわけです。

また、交通安全・防犯系は、どちらも啓発が中心。日々の道路パトロールや、地域と連携した夜回り、さらには「オレオレ詐欺」や「ひったくり」など、住民が巻き込まれやすい犯罪の啓発ポスターの製作や住民参加イベントを開催します。

安全満載

防災・安全系は、平常時は役所の内外との接点が多い職場です。防災の場合、避難所となる公共施設を管理する部署や、道路・水道・河川などのインフラを管理する部署との接点が多く、交通安全・防犯系は、地域活動を支援する部署や安全教室を行う学校関係の部署などとかかわりが深く、有事に備えての庁内連携は欠かせません。

命にかかわる業務ゆえ、各課も協力的ですし、防災・安全系の部署は、各課をリードする、「マッチョでフランク」な職員が集まっているので、草食系男子や文科系女子からすると、少し気後れしてしまいがちです。

トラブル解消

そうはいっても、ことが起きてからでは間に合わない。マッチョ系職員があなたの課にやってきたら、**前向きに話を聞き、良い話ならばすぐに連携**しましょう。

企画系からのフワフワな「机上の依頼」とは違って、防災・安全系は、「会議室ではなく現場で起きうる業務」がメイン。たとえ、本当に起こりそうにないことでも、いや、むしろ起こるかどうかもわからないからこそ、その道のプロたる防災・

安全系の依頼を**受け入れた方が得策**です。

防災・安全系の予算は、住民からの理解も得られやすく、比較的、議会承認も得られやすいため、**積極的に連携すべし**。そして何より、目先の仕事の成果として見えづらくても、百年先に「もしも」があった場合は、自分の仕事が役立つと思えば、職員冥利に尽きることです。

「なんでもないようなことが幸せだったと思う」。

もしものときに後悔しないように、防災・安全系にいる人もそうでない人も、未来への想像力を働かせて、できうる限りの備えをしておきましょう。

11

環境対策課・廃棄物対策課

縁の下の力持ち

～地道に啓発、時にはシビアに強権発動～

清く正しいエコ

「エコ」には「正しさ」がついています。省エネ、分別、リサイクル……。どれも正しく、地球のために、良いことをしている。

実際、環境問題に立ち向かうには、正しい暮らしが求められがちです。役所では、環境部がエコの啓発から自然保護まで一手に所管。配属される職員も、目がキレイで、まっすぐな人が多いようです。

啓発系では、目の澄んだ職員が省エネをＰＲしていると思いきや、廃棄物系では、「ホンモノ」感あふれるゴッツイ職員が、ヤンチャな業者と渡りあう。さらに、自然保護系は、山にクマ狩りに出かけ、環境規制系は、大気と水を常に監視。鳥インフルの対応も、ゴミ屋敷の撤去にも立ちあうなど、**清濁併せ呑み、万物の自然と向きあうことが、環境部の使命です。**

ブームの終焉

一昔前のエコブームの頃は、環境部を希望する職員も多かったものの、最近はそこまでの人気はありません。ゴミの分別も社会に浸透、道路に犬のフンも見かけなくなりましたし、ゴミの島のような違法廃棄物問題も沈静化。声高にエコエコ言わなくても、市民の暮らしぶりは自然とエコに。パリ議定書にしても、以前の京都議定書ほど、世間は騒がなくなりました。

では、環境部の価値はどこにあるのでしょうか。自然界や莫大な廃棄物に立ち向かうことは、砂漠にまく水なのか。そんなことはありません。ただ、ピュアな環境論や、昔ながらのヤンチャな交渉が、下火になってきたのも事実。

世間のエコがルーチン気味に流れるなか、伝道者たる環境部も、一緒にゆるい流れに身を任せている気がします。世間の目をもう一度振り向かせ、仕事のモチベーションを上げるにはどうしたらよいのでしょう。

波をつくり、心をつかむ

まずは、原点回帰。わかりやすく発信し、世間の流れに乗っかることが基本です。たとえば、再エネ、ＳＤＧｓなど、流行りの言葉は、地味ながらも世間に出回りはじめています。これを、オリジナルに味つけして、ＰＲしてみる。

もともと、思い込みが強い部署なので、一旦決めたらぶれません。

たとえば、環境部の仕事が、ＳＤＧｓの指標のどこにハマるのか整理して、世間に推し続ける。無骨な廃棄物系も、命を守る自然系も、職員のキャラ変は無理でも、自分の仕事の意味を整理して発信するだけで、住民への伝わり方は格段に変わりますし、時に発動する強権（行政指導など）の説得力も上がります。

ＳＤＧｓ、よくわかりません。**だからこそ、やりがいがある。**チームマイナス６％、クールビス、低燃費……過去の環境対策は、必ずキャッチーなキーワードのもとに展開されました。

宗教とは言いすぎですが、**新しい流れに乗っかって、市民の心をわしづかむこと**も、正しいエコの進め方。庁内外からも一目置かれる「正論」部署ゆえ、進め方は柔らかくしていきましょう。

12

土木課・都市整備課・河川課・建築課

地図に残る仕事

～予算はガッツリ、インフラの創造と管理～

年末道路工事の裏側

役所の仕事の代表格は、窓口業務と公共工事。特に年末の道路工事は渋滞を引き起こし、市民からは「予算消化の無駄遣い」として批判の的。窓口での対応の悪さと工事の悪印象が役所のイメージになりがちですが、工事関係の部署からすれば、**まちのインフラを支えているのは自分たち**という自負があります。

道路や河川管理は、安全で快適な暮らしに必須ですし、都市整備による駅前開発や宅地造成なども、市民の衣・食・住を支える基盤。さらには、公民館や図書館の建設も、暮らしを豊かにするためには欠かせません。

このように、日々の暮らしに根づく都市のインフラは、あまりに当然すぎて、その裏方に公務員がいることは、ほとんど気づかれないほどです。

素材としての税金

「税金ドロボー」「税金の無駄遣い」は公務員批判用語の定番ですが、こう言われ

たら、「あなたの家の前の道路、材料は税金です」とか、「無料で借りられる図書館の本、税金100%です」とか言い返してみたらどうでしょう。即、炎上です。

実際は、道路や図書館などの建設・維持管理は税金で賄われており、その担い手のメインは技術系職員。ただ技術系職員も、「自分たちが税金を使っている」という認識があるかといえば、そこまで強い自覚はなく、ルーチンで工事をしがちです。

また、工事自体は事業者に発注するので、主な仕事は図面を引いて、単価をはじいて、仕様を固め、工事がはじまったら確認に行くという準備・確認に集約されます。この流れは、まさに企業（ゼネコンなど）と同じですが、役所と企業に違いがあるとすれば、「**役所は不特定多数の人のために物をつくっている**」ということです。

企業の場合、商業ビルでもマンションでも、マーケティングを行い、どの層に売り込むかを決めてから建設します。一方、役所のインフラは、対象が市民全般なので、場所や必要性を勘案し、多くの人に役立つものを建設します。企業の狙いが最小公倍数なら、役所の実務は最大公約数、それゆえ、でき上がったインフラ作品は、安全性は万全ですが、面白みはいま一つ。

だからといって工事を担う技術系職員が面白くないかといえば、それは真逆。技術系職員は個性派ぞろい。飲み会を開けばエグザイルばりのパフォーマンスを披露しますし、余暇もスポーツからアウトドアまで、ヒロミや所ジョージぐらいのマルチぶりを発揮します。仕事は堅実でも個性は強い。

夜のお仕事

若手職員のうちは、インフラ系の職場の飲み会に招かれると、その個性に圧倒されます。遠慮せずに、懐に飛び込むことは、仕事上の人脈だけでなく、アフター５の趣味を広げることにもつながります。

インフラ系は総じて親分肌が多い。何しろ、役所の中でも稀な、地図に残る仕事をしている人たちです。時には、新しい工法を取り入れて名を上げるなど、アバンギャルドな人もいますので、**公私ともに、幅を広げるチャンスと思って**、飲み会から仕事まで、接点があればどん欲につながっていきましょう。

13

上下水道局・交通局

The ライフライン

～当然のサービス、でも経営視点は不可欠～

儲ける仕事

役所のなかにも、**儲けないと怒られる部署**があります。

水道局は、ほぼ独占企業として料金収受が認められますし、「交通局」は民間の鉄道・バス事業と同じように、公共交通を運営します。

水や交通など、ライフラインで儲けることは気が引けますが、これらの事業は、「地方財政法」に根拠を置く「公営企業」。

背景を紐解けば、道路や学校、各種証明などは、住民であれば誰でも受けられるサービスで、その原資は「税金」であるのに対し、水道は自給自足で足りる人もいれば、バスは全く使わない人もいる。人によって、使う量や頻度に差の出る行政サービスは、公営事業として行い、財政上も特別会計となるわけです。

この点、実はあまり認知されておらず、住民側からすれば、光熱水費の支払い先の一つが役所になるだけ、近所のバス停がたまたま市営バスだからそれを使うだけ。

これらのサービスに対して「これだから役所の水は……」と不満が出ることはほとんどなく、特に交通事業については、運賃や職員の応対に対して、厳しめの不満があっても、他のバスや電車と比べて極端に文句が多いわけではありません。

迫りくる変化

営利企業でありながらも、あまり危機感がない、というのがお役所企業の特徴ですが、最近は、そうも言っていられない状況に。

水道でいえば、民営化に向けた法改正が行われ、自治体の委託事業者による「民営水道」への道が開けました。交通についても、単に「ひとを運ぶ」だけではなく、

MaaS（モビリティ・アズ・ア・サービス）のように、通信などと連携し、交通と様々なサービスを組みあわせる動きも活発化。旧態依然の**「何もしなくてもつぶれない」という時代は終焉を迎えつつあります。**

攻めるも守るも

既に、イケてる公営事業はいくつかあります。たとえば、水道事業のノウハウをアジア諸国にインフラ輸出し、外貨獲得と社会貢献をセットで行う都市もあれば、交通局どころか民営バスすらおぼつかない山間地では、役所がリードする形で、地域のボランティアドライバーが近所の高齢者をクルマで送迎する地域もあります。

どちらも、**職員の「公僕」としての使命感とやる**

気の賜物です。

かつて公営企業に配属されると、庁内各課との接点も少なく、ルーチンで仕事が流れる印象でしたが、これからは別。

収益性の高い新規事業や、民営との「スキマ」を埋めるサービスなど、ベンチャー企業のような挑戦も期待されています。

また、多発する自然災害時に、真っ先に普及すべきは、水と移動手段。有事のライフライン確保への必要性は高まるばかりです。

ベンチャーのように収支を上げ、レンジャーのように住民を守る、攻守ともにやりがいのある仕事ができるのが、公営企業の職員です。

意外とお得!

マジでクジゴジ、「やってみる?」

「クジゴジ」。公務員になるとき、一度は頭に浮かんだこの言葉。ところが実際、就職してみると、**「クジゴジ都市伝説、説」**に気づきます。庁内には、早朝出勤もあれば、連日22時を回る部署もわんさとある。今度は「9時5時のわけねぇだろ」と世間に向かって悪態をつきたくなりますが、なかには、本気のクジゴジ実践者もいるわけで……。

クジゴジ職員には、育児世代のママパパ、定年間近のじいじ・ばあばなど生活感あふれるパターンと、テニスやゴルフ、英会話と、アフター5が充実するパターンがあります。アフター系は「どうせヒマなんでしょ」と思いがちですが、**意外にも多忙部署の人ほど**、合間を縫ってスポーツや自己啓発に励んでいます。

アフター系は、皆さん陽気で来る者拒まず、広く参加者を募集中。テニスやゴルフはレッスンプロ並に上手なので、自分で教室に通うより、参加した方がお得です。もちろん、「仕事の後まで役所の人に会いたくないよ」と思う人は、「人あたり」をこじらせる恐れがありますので、無理に参加しない方が吉、です。

ただ、若手のうちは、アフター系と接点を持っておくと、**役所内の人脈が広がり、縦割り組織をちょっとだけスムーズに渡れる効果**もあり、仕事の上でも「よい副作用」があります。

世間の目はどうであれ、アフター5の充実は、日々の疲れを束の間、忘れさせてくれます。凝り固まった疲れに効く、サプリメント「クジゴジ」、仕事に支障のない範囲でお試しください。

COLUMN 4

おわりに

本著は、入庁5年目前後の若手職員の皆さん向けに執筆しました。著者の私は、実は入庁20年目のおじさんです。若手から見れば上司にあたる年齢ゆえ、執筆しながらも「こんな上司だと思われていたらイヤだなぁ……」と切実に思っています。自分自身の経験や感覚をもとに執筆したので、果たして「旬の若者」に役立つ内容になっているか、不安なところもあります。ただ、20年経った今も、役所界隈の対人・対組織の対処法は、さほど変わっていないことを実感する日々なので、少しはお役に立てるのではないかと思います。

改めて考えると、20年経っても変わっていないことこそ、問題な気がしますが。この点は、また別の機会に考えることとして、まずは本著が、日々おつかれの若手職員の皆さんにとって、つらい症状の緩和と、元気になるための良薬となることを、心から願っています。

町田智弥

著者　町田 智弥（まちだ・ともや）

市役所に入庁後、財団法人、県庁、中央官庁、民間企業に派遣される。これまでに、都市経営、交通・モビリティ、環境・エネルギー、少子・高齢対策など、窓口から現場まで幅広い業務を経験。
著書に『リアル公務員』（英治出版）のほか、連載として、月刊『地方自治職員研修』（公職研）にて、「ヨワタリ公務員まかりとおる」（2015年4月～2016年3月）、「オナヤミ公務員かけこみ寺」（2016年4月～2017年3月）、「サブカル公務員、ナナメ読み」（2017年4月～）を執筆。

イラスト　かたぎりもとこ

CMプランナー&イラストレーター&漫画家（琴葉もとこ）。四匹の猫・熱帯魚・夫とともにジャングル化した家に暮らす。著書に『三畳ガーデニング』（メディアファクトリー）、『のほほんガーデン』（イーストプレス）、『デブ、やめるってよ～絶対幸せになってやる～』（めちゃコミック掲載）。

全日本おつかれ公務員
―人間関係と組織のモヤモヤがスーッと晴れる本―

2019年9月26日　初版発行

著　者　町田　智弥
発行者　佐久間重嘉
発行所　学陽書房
〒102-0072　東京都千代田区飯田橋 1-9-3
営業部／電話 03-3261-1111　FAX 03-5211-3300　編集部／電話 03-3261-1112
http://www.gakuyo.co.jp/　振替 00170-4-84240

イラスト／かたぎりもとこ　ブックデザイン／スタジオダンク
印刷／精文堂印刷　製本／東京美術紙工

ISBN 978-4-313-15104-8 C0034